20世纪中国图书馆学文库·23

图书室管理法

蒋复璁 编著

怎样利用图书馆

洪焕椿 著

国家圖書館出版社

图书室管理法

蒋复璁 编著

本书初版于 1941 年 9 月，据正中书局 1947 年 12 月沪三版排印

目　次

第一章 布置与设备

第一节 布置

　　民众教育馆的馆舍，大都利用地方公共建筑，如祠堂、庙宇或其他公共房屋，自建馆舍的尚不多见。图书室是民教馆的一部分，和独立的图书馆不同。民教馆的其他部分如运动场、游艺室、礼堂、讲室，平时都比较嘈杂，图书室却是需要安静的；因为要读书，环境不能不讲求。一个图书室即使收藏很丰富，置备若干有益的书报供民众阅览，也只算作到工作的一半；必须给阅览人布置一个雅静恬适的阅览室，使读者坐在里面，心身安逸，觉得在图书室里读书是一种幸福，才能达到充分利用藏书的目的。所以在民教馆中图书室必须和上述几个较为活动的部分隔离开，但和办公室、陈列室比邻倒没有关系。假如馆舍是两进或三进，那最好把图书室布置在后进（但阅报室应在前进），假如是一个厅殿式的建筑，最好将两庑作图书室。室外要种植一些花草树木，使阅览人于倦读的时候，欣赏一些自然景物，让疲劳的脑筋得到暂时的休

1

息，也是非常需要的。

图书室的内部照一般讲至少要分为阅览室和书库两部分，阅览室包括普通阅览室、期刊（日报杂志）室、参考室、儿童阅览室、特种阅览室（如盲哑阅览室）等，至于分合去取，可以因地因财而制宜。特种阅览室在多数地方可以缓设，参考室和普通阅览室可以合并。大概说起来，阅览室布置的原则，不外管理便利和地位经济两点。至不得已仅有一间公共阅览室的时候，则可于室之四周排列书架，只要服务周到，布置得宜，也会使阅览人满意的。

照我国的情形，阅览室的座位配置，最好是每一千居民可以占有三席至五席，就是说，假如某一城镇的人口是两万，民教馆图书室最好能同时容纳一百个阅览人，不然也要能容纳六十个人同时看书。

至书库之布置，要看图书室规模之大小而定。如藏书较多之图书室，书库与阅览室可分开设置，但须相连接，书库中每藏书五百册，所需之面积为一方公尺；如藏书不多而房屋又少之图书室，书库与阅览室同在一室内，亦无不可。

屋宇的采光因地而殊，一般地说，图书室的光线透射，最少要达到全室面积四分之一，并以直接射达到阅书桌为佳。光线射进经由门窗，所以门窗宜于南向。为管理便利起见，不宜多门而宜多窗，辟窗时两窗之间要预留地位安放书架，窗口宜低，免碍光线射入，窗下空间可备排列矮书架。如果利用旧式公屋作馆舍,其厅殿每多深邃,可辟天窗覆明瓦作为补救。门窗不合理想,可将书架纵列,和墙壁及窗洞成直角,免碍光线。窗帘亦可装置,用来调剂光线,使之强弱适度。晚间开放,必须利用灯光,或为电灯,或为油灯,皆以悬挂式为尚;因悬挂式灯布光面积较大,且可避免危险,并较清洁美观。照明之最大原则是平均,务使室内各角落都能得到足用的光线,才算完善。

和光线连带的是空气和温度,这也因地域、气候和习惯等等关系,以致各地图书室情形互有不同。温度过高过低,都能妨碍阅读,不能不留意调节;但总宜利用自然环境和门窗窗帘等设备,使空气可以对流,阳光得为操纵,方为上策。至于气炉电扇等等,在各县区民教馆中,尚少利用。普通室内温度如不低于摄氏表十八度,便可不需人工取暖设备,煤炉柴炭,常使空气不能保持清洁,并易招致危险,煤烟且能伤书,用时必须留意。

第二节　设备

图书室设备和一般屋宇设备不同,今就图书室一般应用器具,参酌我国人民平均高度的估计数,开列较为适用的尺寸,以备参考,单位暂用公尺(一公尺长度等于市尺三尺一寸二分五厘)。

（一）出纳台　最简单的出纳台为一栏柜形之长方桌，因屋宇之形式，亦可延展作马蹄形，长度可以自定，高一公尺，宽一公尺二公寸。台内面上层大小抽屉并列，尺寸视需要而定，备置出纳方面各种记录，中下两层为承书板备暂置待借或收回图书之用。

（二）目片柜　目片柜由若干抽屉组成，或四，或六，或九，或十余以至数十，每一抽屉，内宽一公寸三公分，高九公分，深四公寸四公分。抽屉两旁之壁宜稍低，免碍光线并便抽插目片。抽屉下端正中距底板半公分处作圆孔，贯穿钢条。每一抽屉可置卡片一千张，各图书室需用若干，可自筹画。

（三）阅览桌椅　双面桌高八公寸二公分，宽一公尺，长一公尺六公寸，对面共置六椅；或长二公尺，两面可坐八人。椅为单背式，背向后略斜，背高九公寸四公分，座高四公寸六公分，深四公寸一公分，宽四公寸三公分。儿童用桌椅，应参照小学校教室所用尺寸另制小型者，桌式以圆形为宜，高五公寸六公分，椅子宜有圈栏，座高约在三公寸六公分左右。

（四）书架　单面书架高二公尺三公寸，宽九公寸至一公尺，深二公寸；分七段，每段高二公寸六公分；承书之板厚二公分半至三公分，不必固定，以便于上下移动；最低之板，距地面一公寸二公分半，架顶装眉板及盖板，眉板宽七公分半。不装背板，遇有需要时可联合两架成为双面书架。贵重书籍,可仿此制另制书橱庋置。

此外如办公桌、杂志陈列架、文件柜、日报夹、揭示牌等设备,已多有专书论及,各馆亦可自行设计制造。

专门售卖图书馆用具的商店,现在我国已有几家,如上海中国图书服务社、上海中华图书馆服务社都经售各种用品,如果运输便利,购买有时比自制还要便宜一些。

讨论问题

一、在民教馆馆舍中,图书室在原则上应当位于何处方为适宜?

二、阅览室的布置有什么原则?

三、照我国的情形,民教馆图书阅览室的座位配置,和当地人口要成什么比例?

四、试开列单面架的尺寸。

主要参考书报

图书馆建筑与设备(赵福来撰 民二四 武昌文华图书馆学专科学校印行)

科学的图书馆建筑法(杜定友译 图书馆学季刊九卷一期)

图书馆建筑(李小缘撰 图书馆学季刊二卷三期)

图书馆表格与用品(杜定友编 民二二 上海商务印刷所图书馆部印行)

第二章　征购与登录

第一节　藏书标准

办理公共图书馆事业的原则是:"用最少数的经费,置备多量有益的图书供给最多数阅览人的需要"。民教馆图书室对这原则仍然适用的,民教馆的经费有限,用于图书的更有限,民教馆的对象是社会全体民众,藏书的范围最为宽泛,所以对上一原则必须发挥到极致,方能收到圆满的结果。现在要略略地谈一谈一般的藏书标准:

（一）读者方面的标准——民众教育馆图书室的读者是社会全体民众,无职业、性别、年龄的歧视,服务范围异常广泛,所以先要调查当地社会环境,以求适合它的需要;对一地风俗习尚,民众的职业区分,文化程度,人口密度,都要考查清楚,直到胸有成竹,然后选取适合他们胃口的,可以增进学识,有益修养,或资消闲的图书,供备阅览,勿使任何一个读者进入图书室后发生无书可读的感想。普通参考书和通行的有时代性的读物更宜多购,民教馆图书室的读者对这类书的需求最殷。

民教馆是一个社会教育机关，图书的入藏应该特重它在教育方面的意义，搜求宜备，选择宜严，于精于博，双方都要顾到。新出版的书更要留心购求，以便灌输新时代的思想知识，帮助民众了解国家政治社会一般的现象，但有若干内容不良而流行甚广的书，就要切实屏除，不使羼入藏书。至于未来的需要，也要瞻顾周到，预为绸缪，务使社会发生之每一问题在图书室内皆能得到相当参考材料。所以民众教育馆选书，必须本着一定的方针，随时留意购求，管理员自觉耳目未周，可设新书介绍柜，请读者投函介绍，或约请地方教育界人士和知名学者会同选定。

（二）经济方面的标准——民众教育馆的经费是有定额的，图书室所得开支的经费可概分为两项，一是设备费，一是购书费，应规定每年若干，每月若干。图书室是民教馆的中心部分，图书又是图书室的唯一内容，所以购书费的数额，在民教馆的预算中，其地位应仅次于薪工费而高于其他事业费。

（三）保藏方面的标准——民众教育馆图书室在若干地方负有地方图书馆乃至地方文献馆的任务，所以对地方文献的收藏也不可忽略。地方文献来源有五：(1)本地方人撰著的书籍稿件；(2)世间关于本地方的著作；(3)本地出版的图书；(4)久经本地方保藏的文献典籍；(5)有关本地文献的如金石拓片等；这都有关一地历史文物，必当积极保存。另外还有若干方面的书应该特为购备，如有关党义的书等，这些都是归入特藏一类的。

县镇民教馆图书室藏书的数目，照我国目前的情况，能够做到平均当地每一个居民分配得到一本书也就差强人意了。（美国的城镇公共圕比别的国家发达，他们的藏书标准是每一居民得书五册。）无论入藏多寡，必须有一个藏书计划，最简单的就是制定一个合宜的百分表，逐年逐月的本着这原则实行。我国各省县立民教馆图书室购藏图书，可以参考下表，就而自行增减：

科目	普通参考书	杂志报纸	哲学教育	社会科学	自然科学	应用科学	语言文学	儿童读物	艺术游技	史地传记	特藏	总计
百分比	10	5	7	10	8	10	15	8	4	19	4	100

第二节　征购

民众教育馆是地方社会教育机关的中心，时常具有公共集会场所的机能，图书室收藏的来源不应只限于购买，可以向各地出版商人和机关团体征求赠送，民教馆是一地文化中心，机关团体和眼光远大的出版商人为了自身的宣传起见，多有乐于赠送的。当地居民有所著作，或者收藏图书的,请他们赠送给图书室,由民教馆给他们一些名誉上的纪念,少有不"如响斯应"的。附近的图书馆也可以用交换复本的办法来增加收藏,这都是互有利益的事。征求图书要用征求信,如非需要特备专函的,可通用下举简单套语印制成笺,贮备填用:

"敬启者:兹悉　贵　　现有　　　出版,用特不揣冒昧,函请慨赠　册,以光东壁,实深感荷! 此致"

所征图书收到时,亦须备函致谢,通用套语是:

"敬启者:顷承惠赠　　　等书　册,深感厚谊,除分别编目妥慎珍藏,以供众览外,特此申谢! 此致"

买书并不是一件容易的事,买书必先知书,知书须恃目录。旧书选购,普通可以参考张之洞的书目答问,范希曾编有书目答问补正,这书是一个国学旧籍选目,重要一点的图书多半收入,所举版本也还不难买到。购买新书要随时注意日报杂志上的广告,中国文化服务社出版的读书通讯,商务印书馆的出版月刊,国立中央图书馆的图书月报,都有新书批评介绍,读书通讯且有欧美出版西书报导,足资参考。民国二十四年生活书店出版过一部全国总书目,所收都是新书,虽然不尽完备,也尚可观。另外各书店出版目录,也是工具之一,不过自己要慎重选择,再行购买。参考书的选择最宜谨慎,版本、性质、功用各方面都须详加考量,互相比较,这工作往往不是一个小图书馆的馆员所能胜任的,商务印书馆出版的何多源撰中文参考书指南,可供参阅。

订购图书最好印备一种订购片(见式一),将自选或他人介绍的新书,经查明确未入藏或不曾订购后,按照片上各项详细注明;决定购买时,依式填入订购单(见式二),订购单须复写两分,一分发交书商,一分存查,日后书件到馆,再按单校对一次,提出原订购片填入未备各项,如此,在规模较小的图书室,订购片可以作一分目片用,订购单也可暂时用作登录簿的。

订购图书最好在当地找一家书店接洽,书店卖书照例有一个"图书馆折扣",如果交往多了,或者更可以优待一些。外埠订购有时较当地书店代订得书尤快;不过配补、调换、付款等等手续,常会非常烦琐。正中书局等书店近来多有函购科代办部的设置,外埠购书向这些地方接洽较为稳妥可靠。购买欧美出版的书,最好向本国经售西书的地方订购,如上海商务印书馆,上海别发洋行,上海中国书报社等处都可。

式一　订购片

委托商号	书名		
定单号码		卷数	
定购日期	著者		
收到日期	出版地及出版者		
图书登录号	出版年月	册数	面数
定价	版次	书式	装订
实价	介绍者	介绍日期	
部数	书评见		
备注	主管人裁决		

式二　订购单

逕启者,本馆兹订购后列各书,即祈从速配齐,(快邮,包裹运,货运或专送)掷下,并按优待折扣计算,附发单　份,以凭付款为荷!　此致

启　　年　月　日

订单号码					订购日期	
数量 册	书　　名	著者	版次	出版者	价格	

　　期刊日报的订购手续和图书差不多,有若干图书馆把日报杂志的订购费不列在购书费里而从办公费项下开支,这也可省去若干不必要的手续。

第三节　登录

所谓图书登录簿（见式三），就是一个图书室的收藏总帐簿，依图书到室的先后序列，各有号码，逐日登录，这样可使藏书总数，随时一望得知。登录簿著录：日期、登录号、书名、著者、出版年、版次、出版地及出版者、卷数、册数、面数、高广、装订、来源（购、赠）、价格、书号、备注等十六项，各书登录时逐栏填写，每书一种为一号，占一行，每页以二十行为宜。规模小些的图书室，著录项目可以减少（见式四），只存日期、登录号、书名、著者、出版年、版次、出版地及出版者、册数、来源、价格、备注等十一项，也就足备稽考了。

期刊日报到馆后，应当即时供众阅览，过期期刊日报到积有成数的时候，装订成册，视同书籍编目，初到馆的期刊日报可用对号片（见式五、六、七、八）登记，以备稽考。

图书经过登录的手续就成为图书室的财产，随着就应当加盖章记，以为识别。洋装书在书名页盖章，无书名页的盖在正文第一面，并可自行规定在书里某某等面加盖图章，以为暗记，预备在书首之页万一损坏时查对之用。线装书应在每卷卷端右下角和每卷卷末左下角盖印。章记质料如从西式可用橡皮章，中式牙章、牛角章及其他石质刻章均佳，国产泥也好，中式钤印自有艺术存

12

在,大可倡用。钢质凸印最能伤书,不用为佳。图书经盖章后应在地脚近书根处缮明登录号码,然后分送分类编目。

式三　图书登录簿

日期	登录号	书　　名	著者	出版年	版次	出版地及出版者	卷数	册数	面数	高广	装订	来源（购赠）	价格	书号	备注
	1														
	2														
	3														
	4														
	5														
	6														
	7														
	8														
	9														
	0														
	1														
	2														
	3														
	4														
	5														
	6														
	7														
	8														
	9														
	0														

式四　图书登录簿
（简式）

日期	登录号	书　名	著　者	出版年	版次	出版地及出版者	册数	来源（购赠）	价格	备注
	1									
	2									
	3									
	4									
	5									

（续表）

日期	登录号	书　名	著　者	出版年	版次	出版地及出版者	册数	来源（购赠）	价格	备注
	6									
	7									
	8									
	9									
	0									
	1									
	2									
	3									
	4									
	5									
	6									
	7									
	8									
	9									
	0									

式五　期刊对号片
（正面）

名称											刊期		
年	卷	正	二	三	四	五	六	七	八	九	十	十一	十二
何日满期							索引价格						

式六　期刊对号片

（反面）

来　　　源	卷	收到情况	续订日期	备注
出版者				
地　　址				

式七　日报对号片

（正面）

月\日	1	2	3	4	5	6	7	8	9	10	11	12	13	14	15	16	17	18	19	20	21	22	23	24	25	26	27	28	29	30	31	订
正																																
二																																
三																																
四																																
五																																
六																																
七																																
八																																
九																																
十																																
十一																																
十二																																

式八　日报对号片
（反面）

出版者	备注
出版处	
价　值	

征　　购				补　　缺				附　　件
年	月	日	年	月	日	年	月	日	年	月	日	

讨论问题

一、试言办理公共图书馆事业的原则。

二、民教馆图书室图书购置费在预算里应占怎样的地位？

三、民教馆收藏地方文献的来源有几？

四、选购旧籍要参考什么书？

五、规模小些的图书室,图书登录簿可用简式,著录项目为何？

主要参考书报

图书之选择与订购（吕绍虞著　民二三　上海大夏大学图书馆印行）

图书选择法（杜定友撰　民一五　上海商务印书馆印行）

16

图书之征购（陈豪楚编　民二五　杭州浙江省立图书馆印行）

图书馆图书购求法（邢云林编　民二五　南京正中书局印行）

书目答问补正（张之洞撰　范希曾补正　民二〇　南京国学图书馆印行）

普通图书馆图书选目（杜定友编　民二四　上海中华书局印行）

生活全国总书目（平心编　民二四　上海生活书店印行）

中文参考书指南（何多源编　民二七　香港商务印书馆印行）

试拟图书登录条例（岳良木撰　图书馆学季刊四卷一期）

第三章　分类与编目

　　图书室收藏图书是为了供给读者阅读或参考,编目分类的目的就在于指引读者如何找到他们所需要阅读和参考的图书。分类编目工作愈趋完善,图书室的服务机能愈可发挥尽致。分类的目的在使人知道某书庋置某处;编目的目的在使人知道究竟图书室内有何种图书,分类编目交互为用,才能达成一索而得的目的。

第一节　分类

　　图书既然该分类,分类一定要有所根据,于是就有分类表,分类表各馆所用的多有不同,有自编的,有采用别家的分类法的,也有采用别家分类法修正应用的。
　　欧美现行分类法概可分为两大家派,一个是按学术系统分类的,不问有书无书,只求系统完备,体例整齐的,杜威十进分类法(Dewey decimal Classification)就是最好的例子。有的按图书排架情形归纳而成分类表,这实事求是的作风,很明显地表现在美国国会图书馆(Library of

Congress）的分类表上面。我国民众教育馆图书室多不收藏西文书，纵或有之，在数量方面也不会多，如感觉到有分类必要，杜威十进分类法是较为方便的。

中国图书的分类始源于西汉末年刘歆的七略，这书的梗概略见于汉书艺文志，是所谓"七分法"的始祖。和七分法对立的是"四分法"——经、史、子、集四部分类法，建立于隋书经籍志，隋志以后四分法盛行，四分七分互相融汇，完成于清朝乾隆年间的四库全书总目。乾嘉以后百余年间镂刻之风大盛，所以书目答问一书于经、史、子、集四类之外增丛书为五类，南京国学图书馆衍书目答问的遗绪另就清末民初输入的西方学问增补扩充，编成分类表。这是我国旧籍分类法的最后支柱。

国学图书馆的分类表能充分表现旧的分类，但毕竟不能范围日异月新的学问。所以图书馆界就有两种努力的方向：一是将新书旧书分别编制分类表排列，如清华学校图书馆、上海涵芬楼等是。另一方面是引用西洋分类法，新创分类表的，在初期更以采用杜威十进分类法的成分较多。目前通行的有刘国钧氏的中国图书分类法，民国二十五年增订过一次，将细目加详，对小图书馆已足够用。皮高品氏的中国十进分类法，大体依据杜威氏法编制，有索引，类目最详，中英文对照。另外杜定友的杜氏图书分类法和王云五氏的中外图书统一分类法也都很通行，后者利用符号的区别企图普遍适用于中外各科图书，小图书馆初用时似亦感觉方便。至图书归类也有几个原则：

（一）任何一本书都应该归入其所属最狭义而能概括的类目之下，譬如钟间译的电子一书，归类时先可分入自然科学，但应细分入物理，更应细分入电学，再更细分于电子目下，方为恰当。但各图书馆藏书多寡有别，究当细分至如何程度，端视需要而为转移。

（二）类分图书不宜只凭书名为断，须当参阅其书之序言、目次及正文，甚或须通读全书方能决定其类属，也可参考旁家目录以为判断。

（三）类分图书贵援先例，性质相同的书必宜庋置一处，目录中原有之书即使分类不精，亦不宜率然立异，使之分散。

（四）图书归类应当根据其书之内容及著者撰述本书的主旨，却不当著意其体裁或书名里面偶尔用到的字样而定去取。譬如古今钱略一书，应当归入考古学的泉币目下，要是误放在财政学的货币目下，那就谬以千里了。

（五）有时一本书论列是多方面的，因此具有混合的内容，这在归类时有两个办法。

    1 一书叙述包括数类时，可分入能包括此数类之大类，如陈日章的京镇苏锡游览指南，可以归入地理类游览指南的江苏省下，不再细分。

    2 一书论及数类时，又可归入序列最前之类，如理化词典一书，可归入物理类，另在化学类中作一个分类副片。

（六）书籍照编制体例讲，有两大种属，一是单行本，一是丛书。单行本图书归类办法概如前述。丛书除有特殊价值或非常专门不必拆散的以外，一概宜于按照零种单独归类。

（七）某书的续编、注解、索引等，都要按照原书应得号码归类。

假如遇到两本书分类号码相同的时候，应当再按照著者号码或年代号码序列先后。著者号码表通行的已有几种，如钱亚新氏的拼音著者号码表，王云五氏的四角号码法等都有专书出版。年代号码有国立中央图书馆正在试用的一种：以○一代表——九九年以前，这年以前的出版品，流传迄今已很少。02 到 07 六个号码代表一二○○年到一七九九年，每号百年；譬如乾隆元年是公元一七三六年，号码就是 0736。08 到 19 十二个号码代表一八○○年到一九一九年，每号十年；譬如民国元年是公元一九一二年，号码就是 192；一九一九年的号码是 199。一九一九年以后每一号码代表一年，号码就取这年公历纪元的两位尾数：譬如民国九年是公元一九二○年，号码是 20；民国二十八年是公元一九三九年，号码就是 39。西文著者号码表以加特氏（Cutter，C. A.）的字顺著者号码表最通行。

同分类号又同著者号的书籍更可添用书次号，就是在著者号或年代号后面加一个附号，以示区别。上面所说分类号、著者号或年代号、书次号，三者合成一书号码的主体。另外在分类号之上更可冠以位置号,表明某些书庋置某处。如"△"表示参考书,")("表示儿童用书,"口"表示善本书,"#"表示地图,"Π"表示期刊。著者号码或年代号码之下又可加部册号数,用双点(:)表示册数,以"又"表示复本。

所以一本民国四年出版的辞源下册,照国立中央图书馆的分类表是属于语言类(51)的中国语文学纲(51:2)的辞典目(51:239)下的,年代号码民国四年是194,因为是参考书所以加△位置符号,碰巧这书先已有过一部,所以加复本"又"符号,同时是下册,所以整个写出在这本书

背标签上的号码是:
$$\begin{array}{c} \triangle \\ 51:239 \\ 194 \\ 又:2 \end{array}$$

一书号码的繁简,分类号的长短去取,附加符号的需要与否,全看各图书室藏书多寡,自己抉择,是无须尽丛一式的。

第二节　编目

目录的形式,大概以卡片和书本两种最合用,另外有明见式的,活叶式的,都较少通行。卡片目录的好处是一书一片,可以随时从行列中增减,不碍整个目录的统一和完备;书本目录的毛病也就在不能随时添减续补,改正困

22

难,谈不到时效;但是我国的读者都惯用书本目录,并且便于携带,工料方面又要减省的多,这种特殊情形也不能不考虑周到。若照平时一般地讲,就单独一个图书室的应用而论,卡片目录的功能确要大些。

图书室里经常要有一套事务上用的排架目录,按照图书在架的次序,也就是按着分类号码排列,数小的在前。另外要在阅览室里有一套和排架目录相似的分类目录,再加一套检字目录就很完备了。检字目录是阅览目录的主体,也称字典式目录,将书名目录、著者目录、标题目录及各种副片参见片引见片依照检字法混合排列。我国汉字检字法有七十余种,瑕瑜互见,一般习惯应用的是笔画检字法。笔画检字法适用在排检目片上有几条规则:

(一)在目录中无论目片之引首为书名、人名、标题名称,均依其引首之首字笔画序列先后,笔画少者在前,多者在后。

(二)同首字者置于一处,再比较其第二字,依此类推。

(三)首字只笔画相同者,依各字起笔笔形之种属序列先后,汉字起笔种属不外四类,即:点(、),横(一),直(丨),撇(丿)。

(四)首字笔画及起笔尽皆相同者,再比较第二字,依

23

此类推。

（五）笔画均从正楷，印刷体字笔画与正楷有异者，为引见之。

图书在目录中著录的项目大概不出下列几项，著录时务求详明正确，以言简意备为尚：

（一）书名项　附卷数。

（二）著者项　即著者名及其时代、著述种类、与编注译辑之人等。

（三）出版项　包括出版年、出版地、出版者、版本及版次。

（四）稽核项　包括册数、图表、高广、装订等。

（五）附注项

（六）书号

（七）引首　即在检字目录中，注以排列之著者名、书名、标题名称等。

关于目片格式，我国从国际惯例，于尺度方面无所变更，正常目片横十二公分半，高七公分半，下面正中距纸边半公分作直径八公厘圆孔。片上用淡色印直线二，第一直线距左首纸边二公分二公厘，向右一公分，作第二直线。另用淡色印长横线一，距纸边一公分半；下接短横线约十行，自第一直线起，如印暗格亦可。书名目录片之记载，为目片之基本格式，记载之法如下：

（一）书名项写于第一行，自第一直线起，如一行未完，得回行自第二直线缩进一字起。

（二）在书名后空一字，用小字写卷数，卷数后可接写应连带之书名及卷数等，其间隔相同。

（三）著者项写于第三行，自第二直线起，如一行未完，回行自第一直线起。

（四）写著者时，应先写朝代，次姓名及关于姓名之注记，再次为撰著字样，著者姓名（有时为机关团体名称），可用红笔书之。

（五）如有注释者、编辑者、译者等，其时代姓名等均写于著者之后，中间空一字。

（六）在著者项后空二字，接写出版项，如一行未完，回行自第一直线起。出版时、出版地、出版者、版本及版次之间，各空一字。

（七）稽核项写于出版项下，另起一行，自第二直线起，如一行未完，可回行自第一直线起。

（八）稽核项中面数、叶数或册数、图表、高广及装订等，其间各空一字。

（九）丛书注及其他附注等，每条另起一行，自第二直线起，如须回行，则自第一直线起。

（十）书号写于左上角，横线上写分类号，横线下写年代号或著者号，再下五行写登录号。

检字目录用书名片（即基本格式）作主片，其余各种副片是在书名片书名之上自第二直线起添写引首一行，引首为著者名即是著者片，为译者名即是译者片，为书的副名，就是副书名片，为标题名称就是标题片。普通参考片首行，自第二直线起，"见"或"参见"字样写在第二行，自第二直线后缩进一字起，引见条目写于第三行，自第一直线起。说明片之首行，自第一直线起，说明之字写于第二行，自第二直线起，回行时自第一直线起。导片是帮助阅览人检查他所欲得目片的位置的，散置于目片行列中，较普通目片略高，而有一部分露出约一公分，上载分类类名或笔画数或标题名称等。

凡书编目终了，书号除了在目片上缮写以外，在书里面载有登录号的一面天头处也要用铅笔写上，用备稽考，另外剪制标签贴在书背下端正中距书根三公分的地方，以便从架上提取书籍。标签长二公分半，宽三公分，用白纸剪制；有作长方形的，有作长方八角形的，可随己意择定。

式九　目录片之基本格式

号码	书　名		卷数		
	著　者	出版年	出版地	出版者	
版本及版次					
	面数或册数	图表	高广	装订	
	附注				
登录号					

式十　书名片举例

```
19：1027        御批历代通鉴辑览    一百三十卷
  0767            清傅恒等奉敕纂        清光绪二十七年(辛丑)
        桂林      桂垣书局刊行
        60 册(6 函)        25.5 公分        线装

        清乾隆三十二年敕纂
        末四卷系明末唐桂二王本末
21078－87
```

式十一　印刷目录片式样

```
党旗和国旗
    由孚编      民国十八年      南京      中国国民党中央执行委员会宣传
部印行
    7.135 面    有图；又冠像 1 叶，拆图 5 叶，表 4 叶    19.5 公分    平装
    第四及第五章后有附录。

1.国旗—中国    2.中国国民党—党旗    Ⅰ.由孚    Ⅱ.中国国民党中央执行委员会
宣传部

    国立中央图书馆          37：116.8          2028(26)
    官 2653
```

讨论问题

一、试言分类编目之目的。

二、我国图书分类首见于何书？

三、一本书的号码最完备的包括几部分？

四、目录的形式有几种？图书室里应当具备几种目录？

五、试述笔画检字法用于目片排检的规则。

六、图书在目录中著录项目有几？试列举之。

主要参考书报

图书之分类（金天游编　民二五　杭州浙江省立图书馆印行）

校雠学史（蒋元卿撰　民二四　上海商务印书馆印行）

中国图书分类论（蒋复璁撰　石印本）

四部分类号码表（张英敏撰　图书馆学季刊十卷二期）

哈佛大学图书馆汉和文库分类大纲及索引（裘开明编　民一九　该馆印行）

中外图书统一分类法（王云五编　民二二　上海商务印书馆印行）

中国十进分类法（皮高品编　民二二　武昌文华图书馆学专科学校印行）

杜氏图书分类法（杜定友编　民二四　上海中国图书馆服务社印行）

中国图书分类法（刘国钧编　民二五　南京金陵大学图书馆印行）

民众图书分类法（徐旭编　民二二　无锡江苏教育学院实验民众图书馆印行）

中国著者号码编制法的探讨（王树伟撰　图书馆学季刊十卷二期）

目录学（姚名达著　民二三　上海商务印书馆印行）

中文图书编目条例草案（刘国钧撰　图书馆学季刊三卷四期）

国立中央图书馆暂行中文图书编目规则（学觚月刊一卷五——六期）

标题总录（沈祖荣编　民二七　武昌文华图书馆学专科学校印行）

中文标题总录（吕绍虞编　民二七　上海编者自刊）

汉字检字法沿革史及近代七十七种新法表（蒋一前　图书馆学季刊七卷四期）

索引和索引法（钱亚新撰　民一九　上海商务印书馆印行）

第四章　典藏与阅览

第一节　典藏

　　图书既经编目，应当移交司典藏的人按照分类号的次序排列上架。图书室里典藏图书的办法——亦即书架的布置可分开架闭架两式，开架式书库与阅览室合为一体，民教馆图书室管理人员不多，宜行此制。规模较大，藏书在五万册以上的图书室，最好采闭架式，让书库和阅览室紧相连接而各成单位。所谓开架闭架不过比较而言，开者不必全开，闭者亦非全闭。譬如普通参考书、当日报纸、现期杂志、新到图表等等，在任何一个图书室，都必须随时开架供给阅览人翻阅参考的。

　　不论行开架制或者闭架制，管典藏的人都应当在每天早晚开闭馆的时候，检视全部书架一次，纠正放错位置的书，并且提出破损的书籍加以修补或装订，如或发觉书籍短少，就当马上追查清楚。

类别　　数　　种别册　　　　别	普通书	参考书	图　表	期　刊	外文书	总　计
总　　类						
哲宗教育						
自然科学						
应用科学						
社会科学						
文学艺术						
史地传记						
总　　计						
累　　计						

第二节　阅览

　　图书室是为阅览人设立的,不是为管理人员设立的,管理人员必须充分了解这一点,对于任何一个读者都要和颜悦色,用最有礼貌,最诚恳的态度接待他,应该把读者的错误看成自己的错误,当纠正他们的时候,要想到这是因为自己的指导工作没有做好,所以酿成不幸。又须知馆员对于图书馆学应该要很有研究的,而阅览人对于图书馆学则也许毫无所知,所以每遇到读者的质询,便当不厌其详地答覆他。图书室内的用品像目录等件的用法,更应当随时指导,或者代为查检。图书室最繁重的工作是阅览,阅览室管理员的服务精神是全馆声誉所系,这

31

是最值得我们注意而大家时常忽略的。阅览室可以设置读者意见箱,欢迎读者对管理方面发表意见,以图改进。

阅览室借阅图书,分为馆内出借和馆外出借两种办法:在馆内借书,以阅览人入门时候领取的阅览证为凭,开架部分可以任阅者随意浏览,向书库借书要先在目录中检得该书号码,再用取书单(见式十三)填具所需项目,连同阅览证一并交给管出纳的人取书,到看完归还时取回阅览证。取书单可用两联复写,一联按书的号码排列存查,一联按阅览证(或借书证)号数排列存查。每一阅览证可凭之借书若干册,各图书室可以自行规定,最多者不可多于五册。阅览人要借书出馆,先得填写志愿书(见式十四),觅具妥保或纳保证金,经民教馆核准,发给借书证(见式十五),凭证借书。每证准借册数和借书证的时效,都应当有相当限制。借书人要绝对遵守馆规,倘有违背,可以停止他的借书权,以维持公共秩序。图书室在发出借书证之前,要对保一次,然后将一切纪录缮誊在馆外借书登记簿上,归档存查,倘有人借书不还,可以按图索骥,向他追索,并可按过期天数逐日课以罚金。出借的书籍要在书尾夹贴到期签条(见式十六),上写应当还书的日期,提醒借书人到期还书。借书期限通常是两星期,到期未看完的可以声请续借,期限也是两星期。馆外借书限于普通读物,参考书、珍本书、日报、杂志一概不得外借。

图书室要每星期造报统计一次,根据阅览证、取书条、借书证各件的每周变化和累计数填制,藉以表现图书室的服务成绩,并以之作为应兴应革的参考。

民众教育馆图书室在原则上应当常年开放,每天开放的时间也要尽可能地提早和延长;若干图书室晚间不开放,这是一种不正常的现象。民教馆图书室的阅览人职业和生活习惯各有不同,多半在业余之暇到馆阅览,在时间上难求一致,图书室为适合大众的需要,必须把开放时间尽量延伸,方可使一般人感觉便利。

式十三　取书单

民众教育馆图书室取书单		
书号	【书名】	
	【著者】	
	【版本】	【册数】
【阅览证号】	【借阅人姓名】	
【备注】	【日期】	

式十四　志愿书

今承允准借阅图书,自当遵守一切借书规则,如有违背,愿受应得处分。

此致

领借书证人(签章)

年　月　日

姓名	字		性别
职业		住址	
现在通信处			
永久通信处			
保证人(盖章)	职业		住址
借书证有效时限			

式十五　借书证
（两面用）

民众教育馆图书室借书证

第　　号

兹允许　　先生凭证借书　　册

有效期限至　年　月　日为止

馆长　　　　年　月　日

书号	借期	还期	书号	借期	还期

式十六　到期签条

	到　期　签　条		

式十七　图书出纳统计表

册　数 \ 类　别	馆　内　阅　览		馆　外　阅　览	
	出　借	归　还	出　借	归　还
总　　类				
宗教哲学				
自然科学				
应用科学				
社会科学				
文学艺术				
史地传记				
总　　计				

式十八　阅览人数统计表

室　别 \ 人　数	普通阅览室	参考阅览室	杂志室	报章室	图表室	儿童室	总计
成　　人							
教育界							
政　界							
军　界							
农　界							
工　界							
商　界							
儿　童							
总　　计							

　　阅览部分最吃力的是参考工作，参考工作的范围本来很广，在美国公共图书馆，指示一个过境的旅客游览本城的路线也是参考馆员的分内事情，在我们则能对读者提出的问题指引应看的参考书，或为找出其应参考的章

节,甚或给他作成书面答案,已算很难能的了。读者的问题有时很普通,有时非常怪僻,有大有小,所以参考馆员必须常识丰富,应付灵活,才可胜任。民教馆图书室的管理员对不能解答的参考问题,可以向上级图书馆通函请求代为解答,等到得了答覆以后,再行书面答覆读者。参考问题的提出可以由阅览人亲口叙述,也有函询的,交通发达的城市,利因电话电报问答的也有。

和参考工作相联系的是参考书,所谓参考书是指一般人都没有通读一过的必要而于发生某一问题的时候翻检数页以至数字,得到答案,马上可以弃置不顾的那一类的书籍。这种书多半内容宽泛,兼容并包,编制谨严,便于检查。字典、辞典、类书、百科全书、舆图、年鉴等类书籍,都属此种。这类书不准借出馆外,日常放在特备的参考书架上,供备阅览人随时翻检的。

参考事务因为图书室大小不同,工作范围可广可狭,但是既名参考,便在最小的图书室里也不会没有参考工作,最简单的参考藏书也应当就百科全书、字典、辞典、类书、地图、年鉴、书目、当地方志各类中每类分别选购一种。如能在编目时就所藏各类图书编制专科目录,日报杂志择要编制索引,也可以帮助参考书的不足的。

讨论问题

一、典藏图书有几种办法?

二、图书室管理员对读者的态度，如何方为至善？

三、试述馆外借书之手续。

四、最简单的参考藏书应当具备何种图书？

主要参考书报

图书之典藏（许振东等编　民二四　杭州浙江省立图书馆印行）

书籍之霉斑及其防止方法小识（玉成译　学觚月刊二卷二期）

图书馆利用法（布郎原撰　吕绍虞译　民二四　上海商务印书馆印行）

民众阅读指导之研究（徐旭撰　图书馆学季刊七卷三期）

图书馆规定处罚之研究（喻友信著　学觚月刊一卷三期）

图书馆使用法的指导（喻友信译　民二三　武昌文华图书馆学专科学校印行）

图书馆参考论（李钟履撰　民二二　北平中华图书馆协会印行）

第五章 宣传和推广

我国今日,多半的县区民众教育馆图书室或民众图书馆的读者都不很踊跃,若就阅览人的职业分析,教育界又占大多数,工农界极少,实际上每个学校差不多都有一个图书室可供教员学生利用,而最需要图书供给的反是不常进图书室的并在人口比例上占绝大多数的农工界人士。有人说在这教育尚未普及的时期当然有这种现象,然而民众教育馆是负有普及教育的责任的,必须用积极的态度去招诱读者,使民众教育馆或民众图书馆在一般民众眼中不至成了市街点缀品,或作为一种官府看待的场所。其方法分两种:一是宣传;一是推广,其实这两者还是殊途同归的。

第一节　宣传

宣传工作应该在年度开始的时候预定一张计划表,规定年内每一周或每一节日,按照当地风俗习惯图书室可以利用来做些什么,然后照表逐步来实现。

图书室宣传最有效最重要的方法是最原始的方法——就是管理员和阅览人保持密切的个人接触,知道他的职业,他的学识,随时可以介绍给他适宜的书读,这样使得他走到图书室里来好像走进朋友的家里一般,这样不但使读者自己会常常来看书,一定还会介绍旁人来的。

新到的图书在特别引人注意的处所设架陈列,也是很应当做的事,假如能适应季节更好,如四月四日儿童节陈列儿童读物,航空节陈列提倡航空的书等等,各种都要同社会活动相应和,结果方能圆满。新书经常陈列而外,可以举行各种展览会,并且也可在馆外公众聚集的地方举行,不必限于馆址以内,最好是在节日或者市集的日子。每次展览品要有一定的中心,可以让参观的人得到较深的印象,并也容易引人注意。展览时间内要尽可能地容许参观人随意浏览,展览品也不必尽限于图书;照片、报章、地方文献器物等等,都在收罗展览之列。有时展览可以连续好多天,所以若干图书室举行某种图书展览"周",只要展览场所不妨碍公众阅读,这也是很好的办法。除展览以外,可以将新书单子油印分寄当地机关学校和个人读者,每书之下必有简明的提要,能写得生动并富于刺激性最好。图书馆内部可以张贴一些图画,下面列举与图画有关的书报,以为介绍;外国书店每逢新书出版多有这类图画附送,我国今尚未有,图书室若要自制,以颜色鲜明,设计美观的为上选,纸幅不宜过小,要能悬挂墙壁间并且便于仰视的才算合适。

图书室管理员和阅览人如能保持经常的接触,就可以领导他们组织读书会,儿童、成人、妇女因为年龄不同,嗜好不同,应该分别组织。成人人数众多时可以按职业分开,如学生们的读书会,商店店员读书会等。每一个读书会都应当推派力能胜任的管理员一位参加指导,讲解读书方法,领导讨论问题并介绍到馆的新书。会员方面要约定每月读书若干册,届时报告读书心得,互相研讨。这种集会要选择大家公余的时候举行,采取一种环坐恳谈的方式,每组人数最多十人,开会时间至多两小时,每月举行一次或两次就可以了。阅读要有一定的计划,所选题目,尤当适合时代需要。

儿童读者的读书会有时可以约请家长参加,并可备些糖果奖品,鼓励他们。择取有益的故事为儿童讲述,可以促进他们的了解,引起他们读书的兴趣,也是图书室经常工作之不可或缺的部分;讲故事很需要技巧。曾有教读经验的女馆员最适于担任这项工作。

民教馆所在地如果有报章、杂志、壁报等出版,一定要和他们的负责人取得相当的联络,这不但在形式上为然,更可以用利害关系打动他们,使他们乐于同民教馆合作。因为在社会上,进图书室的和订阅报章杂志的差不多都是同一种人，即是一般知识分子，报章杂志刊载图书室的消息也是增广和维持销路的一个方法。如此地将图书室每周入藏新书目录、展览消息露布出来，时时能给予社会人士极大的印象，对图书室是最有力量的宣传。新闻文字以简短新颖为尚，新书目录可于每星期末在报纸的某一版固定的地位发表一次，看报的人到时自能向那些地方去找。

图书室对当地其他的机关学校、公私团体也当互有往来，尽量参加社交机会，在各学校每期开学之初，就可向该校等要求拨给钟点派员给新收的学生讲解图书馆的利用方法，诱导他们到馆阅览。

图书室每年年终要编制报告和纂辑各种统计表，最好拿来复制分送各机关学校和读者，这也是一种正当的宣传方法。假如有人捐赠图书或基金，在报告里也要大书特书，平时也要陈列展览，登报鸣谢，甚或以馆舍一部分命名纪念捐赠者，藉可鼓励别人乐捐的情绪。

第二节　推广

图书室的推广工作的第一是图书室与上级图书馆或其他图书馆间的图书互借。互借图书有两个意义，出借的图书馆多半是藏书较富的，在他们是尽量让本馆的藏书得到利用的机会；借书的图书馆多半是小图书馆，他们藏书不足,经费有限,重价图书力不能买,不常用的书籍又没有购置的必要,万一遇有读者需要这类的书,最好莫过于从别的图书馆转借来再借给他看,这样小图书馆如民教馆图书室等等可以省下若干金钱,而借书人的目的,仍然可以达到,结果同样圆满。

图书室本身对读者推广工作有几种,是由渐而入的,照次序做去,就可以建立一个图书流通网:

(一)巡回文库　将藏书的一部分——常常是比较通俗的读物,分为若干组,务使每组所有各类书和质量方面俱能平均,预备巡回。巡回工具可以由管理员携书包步行,也可用书车,书车可着人推,或作脚踏车式,以马或以摩托施行,都看巡回环境和民教馆经费如何而定。巡回时要预定若干目的地,每若干日轮流一次,准时前去借书收书。在较为宽敞的公共场所如工厂茶馆等地方,把书箱寄存在那里,若干时候前去调换一次,但须注意托付确能负责的人代为办理出纳手续。

(二)分馆图书室　民教馆分馆的图书室是有他独立的藏书和阅览事务的,在较大的城镇,分馆可在各街设立,或离开城郊,在所属各大村镇设立。分馆除了应付就近民众到馆阅览以外,也可以自行设立图书站、代办处、巡回文库等等,以普及服务于所辖范围以内。

(三)图书站　在相当地点陈列书橱,橱里的书按时更换,托请当地的人照料供众阅览,并且代办借书还书手续,这是最简单的。图书站可大可小,大的租街房一两间,派专人管理,渐渐地可以扩充成一个分室的。

（四）代办处　代办处常是在距离本馆更远,人口不甚集中的乡村地方,在那里存放图书室的各种目录,按一定的时期派人前往负责借书收书,或托热心的商店或居民代办。

讨论问题

一、试述读书会组织办法。

二、略述图书馆互借对藏书较少的图书馆之便利。

三、试述巡回文库办理方法。

主要参考书报

图书馆与成人教育（杜定友编译　民二二　上海中华书局印行）

图书馆为什么要劝人读书（陈独醒撰　民二〇　杭州私立浙江流通图书馆印行）

儿童图书馆（王京生译　民十八　译者自刊）

乡村巡回文库经营法（赵建勋编　民二四　上海商务印书馆印行）

怎样使农民和图书馆发生关系（李靖宇撰　图书馆学季刊十卷三期）

怎样利用图书馆

洪焕椿 著

本书初版于 1946 年 4 月,据开明书店 1948 年 7 月特一版排印

洪焕椿

自　序

　　这本小册子里面所讲的，是些关于利用图书馆的基本知识，目的希望读者能在这里面得到一点小小的经验，因而明了走进某图书馆里去，怎样去阅览，怎样去借到自己所需要的图书，怎样去使用一般工具书来帮助学习与研究。这本书也许可以说是一把锁匙，准备给人们去打开图书馆的大门用的。

　　关于本书的内容，大要可分为两部分，前头五章是图书馆本身方面的常识，说明图书馆里的图书是怎样分类的，它是怎样编成目录的，图书馆里的目录有几种，它的形式如何，怎样去检查这些目录等等；后面五章是关于工具参考书方面的知识，是告诉读者国内外现今所出版的各类工具书有些什么，其内容怎样，应该如何去使用它等等。

　　这几年来，就作者个人在图书馆界所观察到的，觉得有许多跨进图书馆大门的读者，颇缺乏"分类"与"目录"的常识；至于能够晓得尽量去利用工具书的人，那更是极少数了。因此，本书对于这两方面，叙述较为周到；并且把国内外各家著名分类法的大要、目录的编制和形式、中外各种重要工具书的内容，都一一例举出来了。

　　本书的编写，还是去年春间开始的。那时候仅仅拟定一个大纲，浙赣战役就发生了，个人随着服务的机关从丽水迁移到青田南田山中来。后来又听到家乡第二次被敌人侵占的消息，心绪紊乱得很,写作的念头也消灭了。今年因为职位上的关系,使我有机会经常来做编写工作,才想起这未曾完成的册子;现在总算在两三个月断断续续的匆忙日子中把初稿写定了。像这么一件最容易的事,中间竟也遭遇一次变难,挨过了一年又半的时光,真是我所不及料的。

这两三年来,个人的生活变动得太多了,从温州跑来龙泉;从龙泉回到丽水,去年又从丽水跑到青田来。在南田山的一年多日子中,我又徒步跑过一次龙泉,眼目中见到许多凄惨悲酸的情景;看着民众们过那各种不同的艰苦生活,心里发生了无限的感想。然而在这般艰难的日子里,居然给我草草地完成了这本九万字的小册,不能说不是一件幸运的事罢!

最后,我要虔诚地感谢我底老师贾祖璋先生,如果没有贾师的鼓励与介绍,也许这书不会很快的呈献于诸读者之前罢!

洪焕椿识于青田南田山浙江省立图书馆时在民国三十二年之冬。

目　次

第一章　序论

一个人生活在世界上,从幼至长;从长及老,几乎没有一天不与环境相斗争着。人类为了使自己的生活减少困难,避免危险,于是竭尽心力去研究应付环境的方法。在鸾穹悠长的时空中,见闻逐渐地丰富了;生活慢慢地复杂起来了,因此于不知不觉中得了许多经验。这些日积月累的经验所得,就是我们平日所说的"知识"。

知识是从经验中得来的;但经验又可分为两方面来说,一种是个人亲身从实地观察接触中得来的,即所谓"直接的经验";一种是由文字中得来的,即所谓"间接的经验"。我们平日与朋友们攀谈,或者与社会团体接触,都可以增强知识。不过这些直接接触间所获得的经验,终究是很有限的。一个人如果仅凭亲身获得的知识去学习,范围实在太狭窄了,何况又有时间和空间上的限制呢。我们在生活中有了文字的帮助,知识的范围无形中扩大起来,见闻也就不会限于某一个时代或地域了。书籍是人类生活历程中经验的结晶,它是沟通古今中外的一种工具。从书本中,我们可以得到最经济最简便与最有系统的知识,无形中使我们应付环境的能力增强,所以我们要靠书本来帮助求知。在文字中,非但可以获得古今中外人们应付环境的经验,同时正如论语中所说的,"温故而知新";新知识也大多以旧知识为基础产生出来的。读书不但是

1

"求"知识,实在就是"创造"知识;就是将人类过去所有的经验接受过来,构成一种适合今日的知识能力。书籍既含有这种承先启后的作用,所以是教育上不可缺少的工具。

现代的生活,已从单纯的生命底持续,转变为敏捷的竞争的知识的活动了,知识程度如何,决定了现代人生的行为与效果;并且密切地影响到社会的进化,国家的文明,民族的盛衰,人类的福祉。图书馆是民众生活以内的社会组织之一,在一般民众的日常生活中,它已成为一种不可或缺的文化中心了。我们都已经明白,教育是人生的过程,上至专家学者,下至"贩夫走卒",都需要不断地增强个人的学识和思想。从学校所受的教育只是基本的知识,而且又有年龄与时间上的限制,个人的进步,完全靠离开学校以后自身的不断努力。现在无论哪一个阶级,无论哪一种年纪的人,都需要知识的修养和正当的消遣,图书馆正是为着满足人生的智识修养和正当消遣而设的。方今世界上的图书馆教育,大家公认以美国办理得最完善,他们不仅在经营实施上标榜着免费公开;并且对于一般民众,还实施着各种读书奖励事业,使图书馆成为民众正当娱乐社交的焦点。所以在欧美的国度里,能够产生没有受过相当学校教育的学者和发明家,这一批人并非是天生就的聪明才智,而是从图书馆中日长月久抚育培养出来的。现代的图书馆,还不是大众精神粮食仓库吗?

图书馆究竟是怎么样的一个场所呢? 我们的简单答案是:图书馆就是搜罗人类一切思想与活动的记载,引用最科学最经济的方法保存它们、整理它们,以便利民众们生活上参考和应用的地方。教育的方法,原是不专限于"读书",不过图书的指导是唯一的捷径罢了。图书馆对于指导国民利用图书以及推广社会教育,是负有很大的使命的。

现代的图书馆已和过去藏书楼不同了,从前的藏书楼是带有浓厚的保守性的,是贵族化的,是被动的,组织也是非常简单的。

今日的图书馆是注重于流动性的,是社会化的,是主动的,组织也较以往为复杂了。现代图书馆教育的效能,是在于指导读者阅读和研究的方法,帮助一般未受教育者,已受教育者及现受教育者等程度不同、需要不同、兴趣不同的民众,能够充分得到有效的知识底启发;使少年儿童们养成求知的兴趣和读书的习惯;使任何一种人走到图书馆里以后,都可以认识知能、增长知能、发挥知能。总之,图书馆的对象是社会大众,图书的阅览与参考,并不是少数人特有的,不管你的年龄、性别、职业,只要有读书求知的兴趣,谁都可以享受到这个权利。现代图书馆的用意,在以最大多数的图书,供给最多数的读者应用,使得社会上的民众,均能够养成继续不断的读书求进步的习惯和决心。

现代的图书馆,它有四个重要任务,就是:

(1)供给读者有用的图书。

(2)解答读者发生的疑难问题和帮助搜集各科参考资料。

(3)编制参考书目,论文索引等参考工具书。

(4)指导读者使用参考工具书。

图书馆为了圆满地做到上列这四项;往往有"参考部"和"指导部"的专设。这,在西洋图书馆里已办理得很好了……而且出版了许多指导读者参考图书和利用图书馆的专书。吾国因办理近代式的图书馆事业,时间很短,参考和指导的工作,仅有几个大规模的图书馆在尝试着。

图书馆既然是搜集许多图书供人使用的地方,如果我们跨进某图书馆里去,不知道如何去利用参考图书;这犹如明明晓得那是一所满藏着金银珠饰的宝库,而没有方法将它的大门打开一样。所以说,有了丰富的图书宝藏摆在我们面前,还要看我们能不能好好儿去利用它。

怎样才能借到我所要的图书?

怎样去找寻与我所研究的问题有关的资料?

怎样去参考使用一般工具书？

上面这三个问题，是今日知识青年们应当明了的；本书所叙述的，也就是关于这方面的常识。

当我们初次走进图书馆里去的时候，应该先要考查该馆的各种重要章则、规程、统计图表等。譬如阅览规则，借书章程，阅览指南等，都是必须要首先经眼的。最好，我们能够先求得明白下面这二十几个问题：

（一）该馆的沿革怎样？

（二）该馆的内部组织大概如何？

（三）该馆庋藏些什么图书？哪一部分图书是可以出借的，哪一部分图书是专限在馆内参考的？

（四）该馆图书采用哪一种分类法？

（五）该馆规定在什么时候开放的？

（六）馆内的阅览手续如何？

（七）在阅览室内应遵守些什么规则？

（八）馆外借书手续怎样？

（九）有新闻或期刊阅览室吗？馆内经常有些什么报纸和杂志？

（一〇）该馆备有几种图书目录？卡片式抑书本式？

（一一）借书册数和日期如何限制？

（一二）图书遗失或损污怎样处罚？

（一三）图书预约或保留办法如何？

（一四）遗失借书证的手续如何，怎样才能补领？

（一五）借书过期与续借手续怎样？

（一六）该馆有特别学术参考室或研究室吗？其办法如何？

（一七）该馆有没有特种借书办法？

（一八）该馆有些什么经常事业？

（一九）该馆有些什么出版物？

（二〇）有解答关于学术问题的咨询部分否？

（二一）该馆有代售或代订书刊吗？

我们观察图书馆里的章则以及各种有关的图表、小册，为的就是对某一个图书馆，先得到简单的初步认识。这犹如我们平日偶然碰见一位陌生的客人，要先请教他的姓名和身份一样。上面这些问题明了了以后，我们就可晓得该馆的规模和设备的大概了，然后第二步才能谈到如何去利用它。所以这里特别首先提出来，使读者们加以注意。

第二章　图书的结构

封面——书脊——书根——书名页——书名——著
者——版权期——出版人——序跋——目次——正
文——附录——索引

　　我们所见到的每一本图书，都由好几部分结合而成。对于这
些，普通人们不大加以注意的。我们要审别一本书的价值如何，就
应该先注意它的各部结构。现在分别记述于下：

　　（一）封面——这是书本的最外层，仿佛人们穿着的衣裳一
样。西文书的封面装得非常精致，大多数用布面或皮质硬面制成；
中文书普通都是纸质软面的。我国所出版的图书，封面上印着书
名、著作人、出版处等项；西文书大抵仅刊书名与著作人，然而也有
不着一个字的。

　　（二）书脊——就是书的背部，即靠近书籍装钉的地方。洋装
书与平装书的书脊，大抵印有书名与著作者或出版处。当许多图
书直竖排列起来的时候，我们就要看书脊上印着的书名来抽阅图
书了。

　　（三）书根——中文的线装书与平装或洋装书不同，后者是可
以直竖起来排列的；前者只能平放在书架上，所以线装书的书名与
卷册数，只能印写在书的下端，那一部分称为书根。当许多线装书
平叠的时候，就要看书根上的字眼来辨别它的书名与卷册数了。

　　（四）书名页——打开书的封面，在书的目次前面，我们又可
见到印着书名、著作者、出版者、出版处、出版期或版次的一页，这
叫做书名页（title page）。有时候这书名页上的书名，与封面上所

6

印的书名是两样的,这种情形,西文书里最多见,习惯上都以书名页上的书名为准的。此外,如许多中文的书名页上,还印着"青年自修适用","世界文学名著选译","中学程度适用"……等字样,这可能帮助我们对某书的认识。

(五)版权期——西文书的书名页背面,印有版权注册的时期,这叫做版权期(copyright date)。中文书的版权期多是印在书的末页的,俗称版权页;但最近出版的图书,也有将版权期移印于书名页的背面了。我们称第一次出版的书为初版,第二次再印出版的书为第二版或再版(reprinted);原书出版以后,如果第二次以修正或改订再版的,那就算增订版或改订版(revised edition)了。此外,中文书方面,还有节略本,翻刻本,重刊本等不同,这也很可以决定一部书的价值的,同是一书,因为版本的不同而价值两样的很多。西文书的书名页下端,普通都有该书的印行时期、出版处及出版地等项。中文书版权页上,除印着版次以外,又有著作者、发行者、发行地、印刷者等项。当我们看到某一部图书,它是发行过十几版或增订过好几回的,那末这书的内容一定较为丰富精彩些,否则,就不会如此畅销而拥有大多数的读者了。

(六)书名——这是指印在书名页上的书底名字。有些书在书名之下还附印一行简单的字句,如开明书店二十七年二版发行的"疾病图书馆"一书,书名下注着"法定传染病篇",这叫做副书名(subtitle)。

(七)著者——这是著作人的名字,有原著者、编者、编著者、编译者、注解者、校订者、绘图者等等的区别,但图书馆里都给它一个总名为著者项。

(八)出版者——或称发行人(publisher),即该书由何人或哪一间书店发行的。出版者的声望如何,也是我们鉴别书籍优劣条件之一;就国内而言,像商务印书馆、开明书店、中华书局……诸出版家所出版的图书,内容较为可靠些。

（九）序跋——序（preface）是印在正文前面的，跋是印在书的末尾的。序跋大概多申述著者写作该书的原由，或介绍该书的内容及对该书的意见。跋文在吾国旧籍中比较多见，大抵为该书的读后感。有些出版的书，是作者自己作序的说明著作该书的动机、经过与该书内容等。另外还有一种与序文相似的叫做导言（introduction），这是讨论书中内容的初步；我们读了某书中的导言以后，就能明白全书论述的范围了。

（一〇）目次——这是某书中所包括材料的纲要；是把书内的章节顺序排印起来，并注明某章节开始的页数。目次（table of contents）大抵印在书的正文之前，序文之后，要知某书的内容材料丰富否，从它的目次中也可窥其大概的。有些附有插图与表格的书，另有图表等的目次，注明某张图表在某一面或排在某一面之前、某一面之后。

（一一）正文——这是书本内容的主体，或称为本文（body of the book），包括书中全部文字、图表、注释等。

（一二）附录——有些书中，除了正文之外，往往附带一些与正文有关的材料，这叫做附录（appendix），如参考书目的附录、规程章则……等与正文有关的附录等。

（一三）索引——这是由英语 index 一字而来的，所以也有译作"引得"。西文书的末尾，都附有该书正文所述及的人名、地名、物名或专名词的目录，并附某一项可以找到的页数。近来吾国出版界对于索引也逐渐流行了，如中华书局所出版的"中华百科丛书"，每书末尾皆有索引。索引与书的目次不同，前者是依分类与笔划（西文按字母的先后）排列的；后者是照书的页数顺序排列的。书籍有了索引，我们就能够很快的找出该书说到的某一个特别题目的地方。

吾国的出版事业，与世界文明先进国家比较起来，实在还幼稚得很；许多出版的图书没有完备右列各项，不是书名页付阙的，就是翻译的书不见原著者名字的,或者目次、版次不完全的;但西文书就不会如此凌乱了,这也可见欧美出版事业的进步。

第三章　书籍的分类

图书分类的意义——我国图书分类的沿革——刘国
钧氏中国图书分类法大要——杜定友氏杜氏图书分类法
大要——皮高品氏中国十进分类法大要——王云五氏中
外图书统一分类法的发明——何日章与袁涌进两氏合编
的中国图书十进分类法大纲——杜威氏十进分类法大
要——美国国会图书馆分类法大要——克特氏展开分类
法大要——白朗氏科学分类法大要

　　图书馆里的藏书,动辄以数万数十万计;(像浙江省立图书馆
在抗战之前,藏书达三十五万余册),如果这么多图书没有一个系
统的分类将它排列起来,要检寻一本图书就很不容易了。因此,图
书馆里把所有的书籍,依照各书的内容性质,一类一目的仔细分别
开来,并以一定的次序排列在书架上。
　　图书分类,也就是把同类的书籍归于一处,使它有一定的次序
与范围的意思。英国图书馆学家白朗(J. D. Brown)氏说,"图书
馆成败的要素,再也没比图书分类重要了,它的功用,是把关于任
何一个题目的材料在书架上与目录里都集在一起,使图书馆馆员
们与读者们,很容易找到所要的书。"("Manual of Library Econo-
my"P. 206)现代各国图书馆对于图书的分类,都有一种标准的方
法,就是通常所称的图书分类法(systems of classification)。我国最
早在汉朝的时候,是用"七略"分类的,即刘歆所奏的辑略、六艺
略、诸子略、诗赋略、兵书略、术数略与方技略。各类之下,再分若
干细目,如六艺略再分为:易、书、诗、礼、乐、春秋、论语、孝经、小学

等。后来到了魏晋的时候,学术的范围日渐复杂起来了,典籍弥繁,已不是七略所能隐括了,于是有荀勖出来,定甲(经)、乙(子)、丙(史)、丁(集)的四部分类法;元帝时,复经著作郎李充的易动,定五经为"甲部"、史记为"乙部"、诸子为"丙部"、诗赋为"丁部",这就是后来通行的"四部"分类,在我国差不多有千余年的历史。直至晚清,四部分类法方才渐趋衰落;戊戌以后,西学输入国内,于是,对于图书分类的观念也改变了。今日我国图书馆所引用的,几乎都是合于科学的"十进"分类法。最通行的,如刘国钧氏的"中国图书分类法"、杜定友氏的"杜氏图书分类法"、皮高品氏的"中国十进分类法"、何日章与袁涌进二氏合编的"中国图书十进分类法"、王云五氏的"中外图书统一分类法"、美国杜威氏的"十进分类法"、美国国会图书馆分类法、克特氏"展开分类法"、白朗氏的"科学分类法"等若干种。现在把上列各家分类法的内容分述于下,并举出它的大纲表以供参考。当我们走进某一所图书馆里去,除了知道该馆所用的是哪一种分类法外,同时要晓得该分类法的内容大概,这样才可以即类以求书,因书以究学。普通各图书馆,为了使读者便利借到所需要的图书起见,往往将图书分类的大纲表(divisions)或者要目表(sections)张贴在目录柜(cabinet)的边旁,这是每个读者应该加以注意的。

(一)中国图书分类法——这是近人刘国钧氏编的,民国十八年金陵大学图书馆印行,廿五年增订再版。本书是采取新旧图书统一分类为原则的,编者认为杜威氏十进分类法不能容纳许多中文图书,而且杜法亦有轻重失当的地方,于是将它加以改动,以求容纳所有中国新旧典籍。刘氏此法,类例十分谨严,子目又很详密;中文旧籍庋藏较富的图书馆,多采用这个分类法,现在把它的分类简表录出于下:

000　总部

　000　特藏

880　西方诸小国文学

890　新闻学

900　美术部

910　音乐

920　建筑

930　雕刻

940　书画

990　游艺

（二）杜氏图书分类法——这是近人杜定友氏所编的,初版于民国十四年,由上海图书馆协会发行,名为"世界图书分类法"。民国二十四年改订,由上海图书馆服务社再版,并改名为"杜氏图书分类法"。此法是根据杜威的十进分类法改组而成的,其中最大的改动,即改杜法"200宗教类"为"教育科学类",另将宗教归入"哲学类"中。此外,其他各小类亦多有改动;不过它的内容,十之六七与杜威方法相同。此法对于吾国旧有类目,仍能采取其长以求实用,这是它的优点。今将分类简表附录于左:

000　总类

010　图书馆学

020　中国经籍

030　百科辞典

040　学术论丛

050　期刊

060　会社

070　新闻学

080　丛书

090　统计年鉴

100　哲理科学

110　各国哲学

400　艺术

　　410　建筑

　　420　中国书画

　　430　绘画

　　440　雕刻

　　450　装饰手工

　　460　印刷

　　470　摄影

　　480　音乐

　　490　游艺

500　自然科学

　　510　数学

　　520　天文学

　　530　物理学

　　550　化学

　　550　地质学

　　560　博物学

　　570　生物学

　　580　植物学

　　590　动物学

600　应用科学

　　610　医药

　　620　工程

　　630　农业

　　640　化学工业

　　650　交通

　　660　商业

　　670　工业

960　日本史地

970　俄国史地

980　美国史地

990　其他各国史地

（三）中国图书十进分类法——这是近人皮高品氏编制的，民二十三由文华公书林出版，方法大部以杜威十进分类法为准则，其分类简表如下：

000　总类

001－009　纪念藏，特藏

010　图书学

020　图书馆学

030　普通百科全书

040　报学，报章

050　普通杂志

060　普通学会

070　国学

080　丛书

090　经学

100　哲学

110　东方哲学

120　西方哲学

130　形而上学

140　逻辑学

150　心理学

170　人生哲学

180　伦理学

190　美学

200　宗教

210 孔教

220 道教

230 佛教

240 婆罗门教

250 基督教

260 犹太教

270 回教

280 祆教

290 其他宗教

300 社会科学

310 社会学

330 教育

340 统计学

350 经济学

360 财政学

370 政治科学

380 国际政治

390 法律

400 语言文字学

410 中国语言文字学

420 日本语言文字学

430 希腊、拉丁、罗马语言文字学

440 法国语言文字学

450 英美语言文字学

470 德国语言文字学

480 俄国语言文字学

490 其他各国语言文字学

500 自然科学

800　文学

　　810　中国文学

　　820　日本文学

　　830　希腊、拉丁、罗马文学

　　840　法国文学

　　850　英国文学

　　860　美国文学

　　870　德国文学

　　880　俄国文学

　　890　其他各国文学

900　历史

　　910　中国史

　　920　亚洲其他各国史

　　930　欧洲各国史

　　940　美洲各国史

　　950　非洲、大洋洲各国史

　　960　纹章学

　　970　传记

　　980　地理

　　990　考古学

　（四）中外图书统一分类法——近人王云五氏编。这分类法的大纲子目，十九与杜威氏十进分类法相同的，编者自叙说"中外图书统一分类法并不是一种发明，他是建筑在杜威十进分类法的基础上，加了小小的点缀，使更适于中国图书馆的应用罢了。"王氏所说的小小的点缀，就是自己创造了"＋"、"＋－"与"⧻"三种符号，这三种符号的意义是这样的：

　（1）凡有"＋"号的，都排在绝对相同的号码底前面，如＋812排在 812 之前。

（2）凡有"＋－"号的,都排在整数相同的号码底前面,如＋－813.3 排在 813 之前。

（3）凡有"╫"号的,都排在十位相同的任何号码之前,如╫819 排在 812 的前面。

此法初版于民国十七年,由商务出版。商务出版的万有文库与从前的东方图书馆,都是采用王氏这分类法的。

（五）中国图书十进分类法——这是近人何日章与袁涌进二氏合编的,民国二十三年国立北平师范大学图书馆印行。此法编制,是参考杜威氏十进分类法、清森氏日本十进分类法、美国国会图书馆分类法、刘国钧氏中国图书分类法与杜定友的杜氏图书分类法而成的,今录简表于下：

000　总部

010　目录学

020　图书馆学

030　新闻学

040　普通类书

050　普通杂志

060　普通社会刊物

070　普通论丛

080　普通丛书

090　经籍

100　哲学部

110　比较哲学

120　中国哲学

130　东方哲学

140　西洋哲学

150　论理学

160　形而上学

（六）十进分类法　**DECIMAL CLASSIFICATION**——这是美国人梅尔威尔杜威（Melvil Dewey 1851－1931）所创的,初发表于一八七六年,后来逐渐加以增订,至一九二九年已出至第十三版。此法问世以后,不独美国风行一时,其他各国亦纷纷采用,因此成为世界各图书分类法中最通行的一种。当我国未有自创的图书分类

26

法产生以前,各大图书馆都是采用这法的(最先介绍杜氏十进分类法到中国来的是孙毓珍先生,他曾经作图书馆一文发表于宣统元年商务出版的教育杂志上)。

杜氏此法,将世界上的科学分为九类,其他百科全书、各种杂志、普通图籍等另归于一类,合共成十大类,每类分十项,每项再分作十目,共成一千目;各目中又用小数细分,以至于无穷尽。此法运用简便,标记整齐,又很容易记忆;可惜它不能容纳许多中国图书,不宜作中文书籍分类的标准。现在我国各图书馆,大多采用杜法来作西文图书分类之用。今把它的大纲表列下:

000　总类
　　010　书目;目录学
　　020　图书馆学
　　030　百科全书
　　040　普通论丛
　　050　普通杂志
　　060　普通学会
　　070　新闻学;日报
　　080　普通丛书
　　090　善本图书
100　哲学
　　110　形而上学
　　120　其他形而上学问题
　　130　心身
　　140　哲学派别
　　150　心理学
　　160　论理学
　　170　伦理学
　　180　古代哲学

190　近代哲学

200　宗教

210　自然神学

220　圣经

230　信仰与教理

240　灵修与实行

250　布教

260　教会及其工作

270　教史

280　派别

290　其他宗教

300　社会科学

310　统计学

320　政治学

330　经济学

340　法律

350　行政

360　团体与各种机关

370　教育

380　商业交通

390　风俗

400　语言学

410　比较语言学

420　英国语言学

430　德意志语言学

440　法兰西语言学

450　意大利语言学

460　西班牙语言学

470　拉丁语言学

480　希腊语言学

490　其他语言学

.500　自然科学

510　数学

520　天文学

530　物理学

540　化学

550　地质学

560　古生物学

570　生物学

580　植物学

590　动物学

600　应用技术

610　医学

620　工程

630　农业

640　家政家事

650　商业实践

660　化学工业

670　制造工业

680　机械工业;手工

690　营造

700　美术

710　风景园艺

720　建筑术

730　雕刻

740　图案;装饰

750　油画

760　雕版

770　摄影

780　音乐

790　游艺

800　文学

810　美国文学

820　英国文学

830　德国文学

840　法国文学

850　意大利文学

860　西班牙文学

870　拉丁文学

880　希腊文学

890　其他文学

900　历史

910　地理

920　传记

930　世界上古史

940　欧洲史

950　亚洲史

960　美洲史

970　北美洲史

980　南美洲史

990　大洋洲及两极史

（七）美国国会图书馆分类法　LIBRARY OF CONGRESS CLASSIFICATION——这是一八九七年美国国会图书馆改编目录时所编订的,其中大部分是撮合克特氏展开分类法与杜威氏十进

30

分类法而成的,其主要纲目(一九〇九)如下:

A　总类　丛书

B　哲学　宗教

C　历史—附属科学

D　历史与地志(美洲除外)

E－F　美洲史

G　地理　人类学

H　社会科学

J　政治学

K　法律

L　教育

M　音乐

N　美术

P　语言学及文学

Q　科学

R　医学

S　农业

T　工业

U　军事学

V　海军学

Z　目录学与图书馆学

以上各门,每门又分作许多项,各加一字母为标记。如:"H社会科学"一门,又分作:

HA　统计

HB　经济原理

HC　经济史(各国产物)

HD　经济史(农工业)

HE　交通与运输

HF　商业

HG　理财

HJ　公共理财

HM　社会学

HN　社会史

HQ　社会团体—家庭

HS　社会团体—社会

HT　社会团体—市乡

HV　社会病理

HX　社会主义

右列各项，又添用数目字可以再细分为若干节，如："HG　理财"，又分为：

HG1—157　普通

HG171—188　私家理财

HG201—1490　钱币

HG1501—3540　银行

HG3701—9733　信用兑汇等

HG8011—9970　保险

以上每节，再依号细分，又可分为很详细，如："HG201—1490　钱币"可再细分如下：

HG 201　钱币杂志

　　 203　普通会社

　　 205　特别会社

　　 207　报告

　　 209　历史（会社）

　　 216　字典

　　 219　统计

　　 221　普通原理

（八）展开分类法 EXPANSIVE CLASSIFICATION ——此为美国人克特（Charles Ammi Cutter 1837—1903）氏所创的，共分七表，前六表于一八九一年在波士顿出版，第七表是克特氏去世以后，由他的侄儿 W. P. Cutter 继续订印的。这分类法的基本组织分下列二十六类：

A   总类

B   哲学

C   基督教及犹太教

D   宗教史

E   传记

F   历史

G   地理及游记

H   社会科学

I   社会学

J   公民学；政治学

K   立法

L′ 自然科学

M 自然历史

N 植物学

O 动物学

P 脊椎动物(人类学)

Q 医学

R 应用科学

S 工程学;建筑学

T 制造工艺

U 战术

V 体育及游艺

W 艺术

X 英国语言

Y 英美文学

Z 图书学

右二十六类,每类再加上一个字母成二十六科,如"H 社会科学"类,再分为:

HB 统计

HC 经济学

HD 人口论

HE 生产

HF 工人劳资

HG 工会工团

HH 合作

HI 奴役

HJ 交通转运

HK 商业

HM 钱币

34

HN　银行

HR　理财

HS　财产分配

HT　公共理财

HU　关税

HV　自由贸易

HW　资本产业

HX　地产

HY　个人财产

HZ　消耗

上列各科,再加添一个字母,复可细分,如:"HM　钱币"一科,再分为:

HMA　金银币

HMB　纸币

HMC　信用

HME　兑汇

HMP　价目

HMS　借款

HMU　利息

…………

这种分类法,包括非常广阔,成展开式。类目除用字母代表以外,又以 11－99 代表著名国家;以 01－09 代表上古、中古等时代,如 45 是代表英国的,英国史的号码就是 F45 了。

(九)科学分类法　SUBJECT CLASSIFICATION——这是最新的英国分类法,英人白郎(James Duff Brown)氏所创的。白郎氏把人类知识分为四种:(甲)物质(matter)、(乙)生活(life)、(丙)心灵(mind)、(丁)记载(record)。他的分类法,也就是根据这个基本原理编成的,凡是这四项范围以外的,一概归属于总类(generalia)

里面。今把这分类法的大类录下：

A　　　　总类

B–D　　　物理学（物质的科学）……物质

E–F　　　生物学（生物的科学）

G–H　　　人类学与医学　　　　　　生活

I　　　　经济的生命学；家政学

J–K　　　哲学与宗教　　　　　　　心灵

L　　　　社会科学与政治学

M　　　　语言与文学

N　　　　文艺作品　　　　　　　　记载

O–W　　　史地

X　　　　传记

此法所用的符号，字母与数字并用；第一位用字母，以下即用数字，数字以十进，分一位至三位，如：

A1　　　　教育

O123　　　　英国史

B329·1　　　　屋顶·书目

综观上面各种图书分类法，我们就可晓得无论哪一部书籍的内容性质，都可以用符号（数字与字母）辨别它；例如佛教的书，在刘国钧氏分类法中，用 220 三个数字来代表它，在皮高品氏的分类法中，用 230 这三个数字来代表它，不过各分类法所代表的符号各有不同而已。图书馆中有了固定的分类法后，每部书籍只要依其内容性质，在该书的书脊上标明号码，那末就可以顺次排架了。现在各图书馆里的藏书，就是依照上面这些分类号码，顺序排列在书架上面的，它从最小的数目开始，一直排至最大的数目，如813·7是小于813·9的，两者又比910小，它们的排架次序就是：

813·7；813·9；910。

如果下面一群分类号码在书架上排列起来的话，它们的次序是这样的：

030；290；598；750；822；822·4；914；914·3；914.6；973；991；991.1。

第四章　图书馆里的目录

目录这个名词,英语叫做 catalog(或 catalogue),也称为图书目录,是指图书馆中把它的全部藏书录而为目,以便读者检阅的意思。目录与书目(英语叫做 bibliography)的性质是不同的,许多谈目录者往往将此二者混为一谈,这其中最大的区别是:(1)目录的记载是专限于某一个图书馆或某一私人藏书家的全部图书,凡目录上有这部书的名字,它必定庋藏着与这名字相同的书的;而书目是普遍性的记载;它的范围兼及若干处的藏书,并不是书目里面著录的图书,就是某人或某图书馆里的全部藏书。(2)目录的主旨是便于阅览人检查用的,所以它的编制是以"检查方便"为原则;而书目的编制是在乎选载的得当与解题的详尽,因此,每每视其范围而决定编制的方法,至于检查的便利与否,是还在其次的。所以书目又称为"书志"或"书史",所谓"书志学"(science of bibliography)即研究图书为对象的学问;也就是讨论图书的解题、历史以及版次、刊年、排印等问题的学问,这显然与图书馆里所编的馆藏目录,其性质是两样的了。关于书目,我们以后要专章讨论它,这里先来专述图书馆里的图书目录。

每一个图书馆里,都有两部很繁重的工作:一种是前章中所说的图书的分类;另一件就是图书的编目。上面说过,图书分类能使我们辨别书的性质与决定排架的次序;但不能够告诉我们一本特

殊书的有无与内容。编目的用意,是把图书馆里的全部藏书的内容要点,一一提示给读者。它所告诉读者的,就是下面几个问题:

(一)馆内有"梁启超"著的书吗?梁著的书该馆总共收藏若干种?

(二)关于"戏曲"方面的有些什么藏书?

(三)馆内有"孙文学说"这本书吗?

(四)"中国报学史"这本书是什么人著的?有几面或几册?在什么地方出版的?几时出版的?

图书目录既有上列几点作用,因此图书馆里对于图书的编目不厌求详,为的就是使编成的目录能满足阅览人的需求,能指示读者在这图书馆内有没有你所需要的书。所以人们都认为目录是图书馆的一把锁匙。

现在各图书馆所编制出来的目录有好几种,在形式方面说,有簿式目录与卡片式目录;依编制言,有著者目录、书名目录、分类目录与标题目录,现在分别说明如下:

簿式目录——又称为书本式目录,这是将目录装订成一本书的样子,是我国旧藏书家所习用的。簿式目录有几点好处:第一、因为它是装订成册的,次序非常整齐,又不容易散失。第二、簿式目录每页可记十数种以至数十种图书,于检查上又很方便。第三、簿式目录订成一本一本的,可以邮寄各处供人查阅。然而它的最大缺点,就是新书不能随时依次增补,所以现在各图书馆已很少采用了。

卡片式目录——这种目录是用长方形的卡片编成的,每一片记载一本图书。这种卡片因为抽插增减既很灵便,又可以随时更动改正,中外各图书馆已一致采用它。现在我们无论走进某图书馆里去,在那图书出纳处的附近,会看到一座装有许多抽屉的大木柜,每个抽屉里面装着的就是卡片目录。

著者目录(author catalogue)——这种目录是表示著者名字为

39

主的,目录卡内先把著者记入第一横格,次记书名及出版时、出版地、出版者、卷册数等等。图书馆里的著者卡片,是依照著者姓名的字顺序排列的,凡是"梁启超"著的卡片都集中在一起,这样就可以晓得某图书馆里有没有梁著的书? 与梁著的书究竟有若干种? 西文的著者卡片,它是按著者姓氏的第一个字母排列的,例如我们现在要找 James Duff Brown 著的书,就要在目录里 B 以下去找,一直找到他的姓氏 Brown。如下面所附的,就是一张西文著者卡,J. L. Gillin 是著作人的名字,"Criminology and Penology"是书名,N. Y. Centary 是出版者,英文小写的"c"字代表 copyright 一字的,"c1926"是说该书的版权是一九二六年注册的。以下的著录,又告诉我们该书共有八百七十三面,还有插图的。最下面的 2115,是该书的登记号码(accession number);卡片左上角写着的,是该书的书码(另详第五章)。

中文著者目录卡

020	洪	焕椿,编著
3494		如何跟图书馆做朋友
1257		民三二,青田,浙江省立图书馆 62 面(辅导丛刊)

西文著者目录卡

```
364      Gillin,J. L.
G48lc        Criminology and Penology.
         N. Y. Century,c1926   873P.
         illus.
         2115
```

书名目录(title catalogue)——这是以图书的书名为主的,目录卡中先登录书名,再写著作人、及出版时、出版地、出版者、卷册数等。这类卡片的用处,就是帮助仅记住书名而不知作者的人,仍旧可以找到图书用的。如前面所问的"中国报学史"是何人著的?这就需要翻检书名目录卡了。

中文书名目录卡

027. 107	四	库全书纂修考
0724		郭伯恭
23712		民二六,上海,国立北平研究院 295 面

```
    364     Criminology and Penology.
G481c     Gillin, J. L.
          N. Y. Century, c1926, 873p.
          illus.
```

标题目录(subject catalogue)——这种目录的主体,是记载事件、事物的。"标题"二字,英文原名为 subject headings,亦有译作"类名"或"件名"的,意思就是说把图书内容的全部或一部,用醒括的字句表现出来;换句话说,就是用一个或若干个名词或短语,来标明一书的内容,使读者就这些标题中,检到它所欲参考的书籍。例如某一本书的内容述及经济、政治与法律三方面的,那末图书馆里就有三张以经济、政治及法律为标题的卡片,这样,无论是研究经济、政治或者法律的人,都不失读这书的机会。标题卡是每个研究专门学问的人的重要工具,例如某人欲研究浙江问题,就可以在"浙江"的标题下找到浙江通志、浙东景物记、浙江省一瞥、浙江史地纪要、浙江新志、浙江省情、大中华浙江地理志、浙江省经济地理、浙江省建设统计、浙江省行政统计、浙江制宪史、浙江经济纪略……等书籍。上列各书虽然多是关于浙江的,但内容性质各有不同,如果没有标题目录,就无法将它集中在一起,只有用"浙江"的类名,才能把所有关于浙江的资料都汇集于一处。

中文标题目录卡

917.097	历史——中国——清
8032	金　兆　丰
10815	清史大纲 民二四,上海,开明 504 面

西文标题目录卡

540　　　CHEMISTRY
S55c　Slosson,E. E.
　　　　Creative Chemistry.
　　　　N. Y. Century,c1919,311p.

　　标题卡片的格式,是第一横格写标题(用红色墨水写),第二横格写著者,第三横格写书名,卡片依首字顺排列。

　　分类目录——这种目录是依图书分类法的系统排列的,专备作某一类图书用。目录片的著录方式与著者卡或书名卡同。当我们检查这种目录的时候,应先晓得所要的书是属于哪一类的,譬如现在要找郭沫若著的"周易的构成时代",而某图书馆的图书是采用刘国钧氏的中国图书分类法的,那么就要到 090 的指引卡下去找了。

此外,图书馆为了书名、著者、标题有歧异或须别见与便利读者检查目录起见,又有一种参照(cross reference)的方法,另外编制参照卡。

参照卡普通有两种:一种称"见"(see reference)卡。一种称"参见"(see also reference)卡。见卡就是指示读者在目录里关于某一个标目的书,都著录在别一标目下面,我们要在别一标目里去检寻。好比我国文学作家周树人氏,他有鲁迅等好许多笔名,图书馆里为了划一起见,把他所有的著作,一律采用"周树人"这三个字,同时把他的笔名另作一张见卡,如"鲁迅"见"周树人",意思就是指示读者要找鲁迅著的书,是要到"周树人"的正名下去检它,这是著者见卡。另外,还有书名见卡,如"跃雷馆日记"见"后甲集",与标题见卡,如"诗评"见"诗话"。

至于"参见"的意思,这是一种标题见有相关的标题,而所参照的两名下都有著录的书的,因为两者互相关系太密切了,于是指示读者在读某书时,再去参阅与某书有关的另一部书,这样会得到更多的益处。例如解剖学是一部书,生理学另是一部书,这两部书的互相关系是很密切的,研究解剖学的人,要看与解剖有关的生理学;同时研究生理学的人,也需要参考解剖学。这种作兼互参照用的卡片即称为参见卡,现在顺便把上面谈到的各种卡片格式附在这里。

中文著者见卡

	鲁	迅
	见	
	周	树人

中文书名见卡

		跃雷馆日记
		见
	章	后甲集 太炎(清)撰

中文标题见卡

		诗评
		见
	诗	话

西文著者见卡

Mark Twain
     See
Clemeno, Samnel Langhorne

西文书名见卡

Emilia in England

Meredith, George

See his Sandre Belloni.

(The same work published under a
different title)

西文标题见卡

Ornithology,   See

Birds

中文参见卡

		古史
		参见
	古	器物学

西文参见卡

Temperance,　　　See also

　　Alcohol

　　　Prohibition

　　　　Stimulants, etc.

　　上述书名、著者、标题、分类等四种目录,现在各图书馆差不多都是用卡片编制的。至于它们的排列,分类目录卡是按照分类次序排列的,其余三种目录卡,大多混合拢来用顶项第一字的字顺序列,称为字典式目录(dictionary catalogue),也有称它为检字目录的。字典式目录卡片排列遇笔划相同时,再用起笔或部首顺序。起笔有用五笔检字法的;也有用永字八法的;有用四角号码法的;

也有用形位排检法的,我们对于这几种应用上较为普遍的排检法,最好都能够晓得它的用法,如陈立夫氏五笔检字法,中华书局出版的"辞海"后面附有该法的说明。王云五氏的四角号码法,商务印书馆所发行的各种辞书后面,都有用法说明,并且有专用四角号码排列的"王云五大辞典"。杜定友氏的汉字形位排检法曾有专书出版(民二十一年中华书局发行),可以参阅。

关于中文字典式目录卡的排列,图书馆里还有几条法则的,就是:

(一)同一著者的卡片,依它的书名笔划多寡排。

(二)书名卡与标题卡如果同在一处,书名卡排在标题卡的前面。

(三)书名相同著者不同的卡片,依著者的笔划多少排。

西文字典式目录卡片,是照字母顺序排列的,前面的冠词(article)弃掉不用。排列时先单字,其次是字母;要是第一个字不能决定它的位置的时候,再看第二三个字。它的排列规则有:

(一)假如第一个字相同,其次序是先人名,次地名,再次为书名。

(二)姓氏相同的,照名字排比。

(三)圣人教皇与元首的名字,排在其他相同的姓氏底前面。

(四)如果整个姓名都是相同的,依照年代、居住的地方、书名的次序排列。

(五)英国人的姓名与冠首接连起来的,照单字排列。

(六)冠首字 M', Mc, S. , St. 和 Ste,排列时作为完全拼出,如 Mac,Sainte 和 Sanctus。

(七)混合的人名与地名,无论当中有无短划,排列时作分开论。

(八)名号起首有缩写字的,应视为完全拼出一样,例如 Dr. , Mr. , Mrs. 等缩写字。

图书馆为了使读者检查目录便利起见,在目录卡的抽屉前面有标目,标明这一抽屉里面有些什么卡;同时在抽屉里还有许多凸出的指引卡(guide cards),上面或写着分类号码,或数字,或英文字母,指明在它们中间序列着的是些什么卡片。

第五章　书码的组成与用处

书码的组成——分类号码与书号——书码的用处

我们时常看到图书馆里的图书,在它的书脊下端都有写着或黏贴着的一组号码,这就叫做书码(call number)。

每一本书的书码都是不相同的,所以当许多书籍排列起来时,每书都有固定的位置,图书馆员就凭着这书码,来检出你所要的书。

书码是由两组或两组以上的数字与符号合成的。中文书的封面因为多是纸质的,所以图书馆另外采用一种长方形的书标纸,把书码写在它的上面,然后贴在书脊的下方。日常所用的书标纸分上下两行,上一行写分类号码,下一行写书号。前面说过,分类号码是表示书的性质的,如陈桢著的生物学这本书,皮高品的中国十进分类法是归在 560 号码内的,假如某图书馆正是采用皮氏的分类法,那末这部生物学的书标第一行,就有 560 这三个阿拉伯数字。然而在图书馆里,常常有许多同样题目的书籍,但著者不是一个人,如上述的陈桢"生物学"之外,又有刘宝善编著的"生物学"。依照分类法说,这两部同一性质的书,它的分类号码应该是相同的,可是这在排架的时候就很为难了,究竟应该把哪一部排在前头,哪一部书放在后面呢? 为了确定排架的固定位置起见,所以书码中除分类号码之外,再有书号。书号是包括著者号码、部号、卷册数、版本符号等好几种的。著者号码是代表著者姓名的符号,现

51

在各图书馆所采用的著者号码各有不同,中文著者有用王云五氏的四角号码法的,有用杜定友氏著者号码表的,也有用梅展如氏四位号码著者表的……;西文方面,大抵多采用美国克特氏著者号码表(Cutter, J. D. : Three – figure Alfabetic – order Table)。

中文著者号码方面,现在各图书馆以采用四角号码法最多,如"胡适"的著者号码为4730,"王国维"为1062。西文的克特氏著者号码表,是用字母与数字混合编成的。它的方法是将著者第一个字母,加上两三个阿拉伯数字,排列时先照字顺,次依数目字的大小,例如 Chapman 的著者号码是 C37,Channing 是 C362,Garden 为 G197。当两部以上同类的书排列时,有了这著者号码,就可以决定孰先孰后了。

书号除著者号码之外,还有部号与表示卷册数及版本的符号。部号就是辨别某一著者,著作两本或两本以上性质相同的书用的。例如巴金著的小说"家"、"春"、"秋"这三部书,书的性质既相同,著者又是同一个人,于是再给它一个部号,使排架仍有固定的位置。假如巴金的"家"底书码是 813 · 7/7780,那末他的"春"底书码该是 813 · 7/7780.2,"秋"该是 813.7/7780.3。因此就可以把"家"排在最先,"春"排在其次,"秋"排在后头。这".2"、".3"就是区别三部书的次序的,即称为部号。至于西文书,大抵将书名的第一个字母加在著者号码后作为区别的,如下面两本 Channing 著的性质相同的书:

"A History of the United States"的书码是: 973 / C362h

"First Lesson the United States History"的书号是: 973 / C362f

这著者号码 C362 后面所加的"h"与"f",就是各书书名的第一个字母,也就是部号。

关于卷册数与复本书的区别,前者用:V.1;V.2;V.3……等符号放在著者号码的下面。V.1 就是第一册,V.2 为第二册,余类推。这里的 V. 字,即英文 Volume 一字的缩写。后者用 c. 2;c. 3;c. 4……等表示,例如某图书馆有两部"中国之命运",那末另一部的书码下面,就要加上 c. 2,c 字就是英文 copy 一字的缩写。再说到版本方面,因为同一书的出版年代不同,内容往往有变动的;同时每版的校对也有精疏的不同,如叶昌炽的"藏书纪事诗"有七卷本与六卷本的区别,这种情形,图书馆里又在书码的著者号码之下,加一个"2",作为区别版本的不同。

图书馆里所备的卡片目录,无论它是分类目录卡或者字典式目录卡,卡片的左角都写着书码,我们借书时,在卡片内检到某一书后,应将该书的书码填入索书券(或称取书条)内,否则,图书馆员就不知这本书究竟排架在哪里了。

第六章　书目的种类与运用

在第五章里,已经约略述及目录与书目的不同,本章再讨论书目的功用、选择与运用等常识。

书目或称书史或书志,是把世间所有的书,或依时代、或照地域、或据类例,一一记载起来。记载的方式有详有简,或远溯其源流,或再加以解题;叙述它的内容,品评书的得失,记载收藏的经过,使我们能明了各书的一般情形。书目好比一枚指针,指引我们去认识图书;去参考图书。我们要明白某书的内容与价值,可以检查解题书目,就是要晓得研究某科学问有些什么图书可以参考,亦必须检阅学术书目。

古时候对于目录的研究,包括类例、学术源流、校雠、板本等等,已成为一种专门的学问,所以前人认为书目是"读书入门之学"。书目的功用,最显著的有下列两点:

(一)可以帮助吾人检查图书,如学术书目之类,有指导我们阅读某类图书的益处。

(二)能够帮助我们搜集材料,如研究教育的人,检查各种教育书目,可以得到若干有用的材料。

除此以外,如鉴别图书的版本,稽考书名著者的异同,卷帙的增减,辨考学术源流,考证旧籍存亡等,都有赖乎书目的运用。

书目因应用的范围不同,编制亦各有异。现在把几种重要的

书目,分别略说于下:

（一）书史书目——这是以"时代"为范围的书目,就是将某一朝代人撰述的图书汇成目录,所以也有称为国家书目的,如汉书艺文志、隋书经籍志等,都属于这一类。此种书目,最容易看得出某一个时期学术的渊源流别,以及古代书籍存佚真伪的真相。

（二）方志书目——每一地方必有每一地的文献;一地亦有一地的地方志。地方志内都载有艺文略,来叙述当地人的著作。叙述的方式有以人为单位的;也有分类记载的,这种目录算是依"地域"记载的书目,如章实斋"和州志"中的艺文志,"光绪杭州府志"中的艺文志。至于专为一县、一郡作艺文志而单独成书的亦有之,最著名的要推瑞安孙仲容(诒让)先生的"温州经籍志"了。

（三）解题书目——这是将各种书籍,用公正的态度加以审慎的考订,辨别它的真伪,考查它的出版时期、出版处,并述及书的内容大意等。如宋朝陈振孙的"直斋书录解题"廿二卷。解题也有称为题识、题记或题跋的,如清朝吴寿阳的"拜经楼藏书题跋记"、傅增湘的"群园藏书题记"等。

（四）善本书目——这是记载善本孤本书籍的板刻与授受源流的书目,如清于敏中彭元瑞等编的"天禄琳琅书目",清丁丙的"善本书室藏书志"等。

（五）板刻书目——记载各书板本情况或何种版本较善的书目,是供检查某书有几种版本与哪种版本最佳用的,如清独山莫友芝的"邵亭知见传本书目",邵懿辰编的"四库简明目录标注"等书。

（六）禁伪书目——专载政府查禁的图书或后人考证为伪书的书目。如咫进斋丛书本的"清代禁书总目四种",清姚际恒的"古今伪书考"等。

（七）汇刻书目——这是将各种丛书汇刻的目录列在一起,备作检寻用的。这种书目,内容大抵都很简单明括的,并不依其性质如何排列,仅照书的总名分录,如清朝顾蒹厓(修)的"汇刻书目",金陵大学图书馆编印的"丛书子目备检"等。

(八)翻译书目——这是西文书有中文翻译本,或中文书有西译本的书目,是检查某书有无译本用的,书目中注出书名、著者原名、著者音译名、译者姓名、出版处……等项,或有附加简单识语的,如梁启超编的"西学书目表",浙江省立图书馆编的"汉译西文书目索引"等。

(九)学术书目——此种书目专门著录某一种学科或某一专题的书籍,如王庸的"中国舆图书目",丁福保的"历代医学书目"等,对于专门研究某一学问的人用处最大。

(一○)选书书目——是各专家学者所选定最有价值图书的书目,作为图书馆或者个人选读的标准的。如清张之洞的"书目答问",清龙起瑞的"经籍举要",梁启超的"一个最低的国学书目",美国图书馆协会出版的"A List of Books for College Libraries"等。

(一一)简明书目——这种书目大概仅载书名、著作者、卷册数、出版地等,对于书的内容是没有提及的,如生活书店出版的全国总书目(一九一一——三五)以及现在各书局的出版目录,都属于这一类。

(一二)联合书目——即汇合一地图书馆或全省、全国各图书馆所藏的图书编辑而成的书目,使阅者知道某书藏于某图书馆。这对于读者搜集资料与图书馆推广互借方面,均有极大的用处,如国立北平图书馆编印的"北平各图书馆藏西文书籍联合目录",李德启编的"满文书籍联合目录"等。

书目的种类既然如此之多,而同属一类的书目,出版又很繁杂,应当如何选择运用,这是很值得考究一下的,今把选择书目应注意几点,写在下面:

(一)注意编纂者是否该科的专门学者或书目专家?

（二）书目所收的范围如何？选择是否正当谨严？有无时间或地域上的限制？

（三）书目的编制如何，体例与本题是否相称？

（四）书目排列方法如何，依笔划、依分类、依时代、或依地域、或混合编排的？

（五）书目中所收的书有无解题，除提要书的内容外，有连带加以批评吗？批评是否有学理上的根据？

（六）各书的著录是否详尽？有注明收藏地点否？有注明价目否？

（七）材料的来源正确吗？编者对于各书均有过目或仅汇辑他人目录？

（八）书末有索引吗？出版以后有无增订或补正本？

这里再举出我国出版的重要书目于下，遇必要时逐部加以注解，以供读者引用的参考。至于发表在期刊上的各类书目，数量较多，这是要读者随时注意收集的，这里不再例举了。

（一）永瑢等奉敕撰：四库全书总目提要 原书二百卷，商务印书馆有铅印本，分四册，定价十元。这书收图书一万零三百三十一种，每书的内容都加以简单的提要；并兼述著作者的爵里年代和书的内容得失。乾隆以前的中国古书之未曾散佚的，大都收罗在内了。全书依经、史、子、集四类排列，惟因书目过多，检查上颇不方便，商务印本已有四角号码的人名与书名索引，可供助检。

（二）阮元：四库未收书目提要 商务印书馆民廿四年四月初版，七九面，定价一角五分。本书共有五卷，收书一百七十五种，每种仿"四库提要"式，将各书内容，提要分类排列。

（三）周中孚：郑堂读书记 此书计七十一卷，廿四册，刘氏嘉业堂有刻本，其体例也是仿照"四库提要"式的，评论书籍的得失与书的本身价值；并兼行考订古书的真伪。

（四）晁公武：郡斋读书志 上海商务印书馆影印宋椠袁本

（即续古逸丛书本），都四卷，八册，定价三十元。此书以经、史、子、集分部，各有解题与著者略历，每类前面并有小序。欲知某书内容的，翻检此书可得明了。这书有袁本与衢本两种，衢本有光绪十年长沙王氏刊本，袁本较佳。

（五）张之洞：书目答问　范希曾补正，有南京国学图书馆铅印本，两册，定价一元六角。本书是最详备最实用的国学书目，所举书籍约二百余部，大都为学者应读的图书。

（六）梁启超：要籍解题及其读法　北平清华社印行，民十四年十二月出版，一九七面，定价五角。本书选有价值的国学书如四书、孝经、史记、荀子、韩非子、左传、国语、楚辞、诗经、礼记、大戴礼记、尔雅等十余种，分别记载作者时代、篇目、价值与阅读方法等。

（七）李笠：三订国学用书撰要　民二十年四月，北平朴社出版，定价五角。这书所选书目多属有价值的国学用书，可供图书馆选购图书的参考。书末有评梁启超、胡适二氏的国学书目一文，颇有独到的地方。

（八）周之亮与李之鼎编：书目举要　金陵大学铅印本。此书曾经陈钟凡加以补正，收集自汉以来所见书目四百余种，分部录、编目、补志、题跋、考订、校补、引书、版刻、未刊书、自著书、藏书、释道目等十二类，每类图书注有卷数、编辑人、出版年、版本等项；一书有数种版本的亦有注明。

（九）邵懿辰：四库简明目录标注　二十卷，清宣统三年家刻本，六册。此书详注各书的版本，用处在分别版本的存佚与版刻的优劣。

（一〇）孙毓修编：四部丛刊书录　商务印书馆民十一年十二月出版。本书将四部丛刊初编所收的图书，著录它的书名、卷数、撰人，并详细记载书的版本与收藏图记。四部丛刊已出版三编，其第二、第三两编书录皆附于各书的后面，未有单印本出版。

（一一）陆心源：皕宋楼藏书志　一百二十卷又续志四卷，光绪八十万卷楼刻本,四十册。此书载流传罕见的旧钞旧椠书计宋刊二百余种、元刊四百余种,每书详记其版刻;又如宋元本的行款缺笔,先辈时贤手迹题识,校雠岁月等均有记载,并间录收藏姓氏印记。所有未经四库采入的图书,另有标题与各书的序跋。

(一二)莫友芝:宋元旧本书经眼录　三卷又附录二卷,同治十二年莫绳孙刻本,共二册。本书载宋、金、元、明椠本与旧钞稿本书一百三十多种,或予以解题,或考其椠钞的善劣,或录序跋与藏书家跋语印记等。

(一三)缪荃孙:艺风堂藏书记　八卷又续记八卷,光绪家刻本,六册。这书收善本图籍六百二十七种,每书录题跋印记;凡四库未有著录的书,并略举撰人仕履与书的内容。

(一四)梁启超编:西学书目表　四卷,光绪间质学丛书本。此书分三卷,上卷为西学诸书,中卷为西政诸书,下卷为杂类。所录各书,大部分是我国初期的译本,第四卷是读西学书法。

(一五)教育部选:儿童读物目录　民廿二年三月出版,全书分:甲、儿童基本读物,乙、儿童补充读物,丙、定期刊物。

(一六)平心编:全国儿童少年书目　附载于生活书店出版的全国总书目内,民二十年十一月出版。

(一七)沈乾一编:丛书书目汇编　上海医学书局发行,民十八年再版,共四册,定价六元。此书收罗丛书二千余种,依照丛书书名笔划排列,每种丛书记载书名、编者、版本、所收书的种数与子目等。

(一八)杜联喆编:丛书书目续编初集　民二十年九月,燕京大学图书馆经售。此书收丛书两百余种,都是上列沈氏丛书书目中所未录载的。丛书书名排列依笔划为次,书后附有"丛书谈片"一文。

(一九)刘声木编:续补汇刻书目　三十卷,直介堂丛刻本。全书收丛书凡一千五百八十余种,依四库分类排列,所载的丛书均为"汇刻书目"、"汇刻书目外集"、傅云龙"续汇刻书目"、罗振玉"续汇刻书目"、"目睹书目"、"丛书举要"、"丛书目录汇编"等七书所未见的。民国廿三年,刘氏又编印"再续补汇刻书目"十六卷,民廿四年复编成"三续补汇刊书目"十五卷。

(二〇)孙殿起编:丛书目录拾遗　民廿三年北平通学斋发行。本书所收丛书是沈氏"丛书书目汇编"、刘氏"续补汇刻书目"、杜氏"丛书书目续编"诸书所未见的,所录各书,编者均已过目。全书分十二卷,每卷前面各有目录;编前有书名索引,检查极便。

(二一)北平图书馆协会编:北平各图书馆所藏丛书联合目录　民十九年十月初版,所收丛书有九百余种。

(二二)徐嗣同编:社会科学名著解题　民二十一年中华书局出版,定价八角。全书收名著六十五种。

(二三)孙本文:社会学用书举要　上海中国社会科学会出版部发行,民二十三年八月出版。本书所选的社会学用书都是英文本,每书内容除加以批评与介绍外,并缕述它的学说与趋势,颇便学者选读。

(二四)萧瑜编译:社会学书目类编　民二十三年立达书局出版。

(二五)古今式编:近代我国民族学译著目录　中山文化教育馆印行,民二十八年出版,为民族学研究集刊第二期单印本。

(二六)吕绍虞编:教育书目汇编　民二十二年武昌文华图书馆专科学校发行。

(二七)于震寰与李文祎编:中国体育图书汇目　国立北平图书馆发行,民二十二年初版,本书收我国古今体育图书千余种。

(二八)陆逵节编:历代兵书目录　六卷,南京军用图书社发行,民二十二年四月出版。此书收中国历代军事学书籍一千三百余件,依著者时代先后序列。

（二九）胡朴安：文字学研究书目　见世界书局民十八年八月初版"文字学 ABC"下编，共收文字学书约一百种，各书多有简单的提要，或略论版本的得失与内容优劣。

（三〇）邵子风：甲骨书录解题　民二十四年十一月商务印书馆出版，二五四面，定价一元。本书搜罗完备，体例亦佳，评述颇为扼要；所收著述以殷墟文字与器物为范围，其他有关殷代文化及考订殷史的著作，亦有酌量采入。

（三一）邓衍林编：北平各图书馆所藏中国算学书联合目录　民二十五年中华图书馆协会出版。本书收算学书千余种，后面附有索引。

（三二）曹炳章编：中国医学大成总目提要　十三卷，民二十五年六月上海大东书局出版。"中国医学大成"一书收集我国汉以来的医学书三百六十五种，此即该书的总目提要，是检查中国医学书籍的重要工具书。

（三三）毛雕编：中国农书目录汇编　民十三年金陵大学图书馆发行，二一四面，定价一元。

（三四）茅乃文编：中国河渠水利工程书目　民廿四年十月，国立北平图书馆印行。

（三五）福开森编：历代著录书目　民二十三年三月金陵大学中国文化研究所初版，线装六册，定价十二元。本书所收书目，是以前人已经著录为主的，编制方面以人为经，以图为纬，每一个人的书若有题跋散见于各书的，一一著录于一起；所收画家，总计二千四百多人。书前有历代著录画目引用书目略称表；书后附录有：(1)集画（合作画附）、(2)无名氏（时代未详附）、(3)别号待考、(4)丝织（绣附）。又附有人名检字，别号检字，罗马拼音等。

（三六）余绍宋：书画书录解题　十三卷，民二十一年国立北平图书馆初版，六册，四元。本书收汉以来书画书八百余种，每种都有解题，解题的要点分正体例、辨疏舛、重考证、重珍本等，书末附有著者索引。

（三七）容媛辑：金石书目录　十卷，国立中央研究院历史研究所发行，民十九年初版，定价一元二角。本书著录金石书八百二十二种，并附录方志中的金石志目及金石丛书目，书后有朝代人名通检、书名通检及勘误表。

（三八）卢冀野：词曲研究　民二十三年十二月中华书局出版，一七二面，定价七角。本书有词家曲家传记，与一个最低限度研究词曲的书目，书后有名词索引。

（三九）宋春舫：福木庐藏剧目　此书载中西文剧本以及剧学书籍杂志约三千余册，其中以西文居多，占十之七八。附录有中国词曲书目，收词曲约一百八十种。

（四〇）黄文暘：曲海总目提要　四十六卷，董康等校订，上海大东书局十七年六月初版，十九年二版，十六册，精装十八元。此为中国出版剧本书目最详备的一部，原目收书一千余种，书经散佚，由董氏补辑，约七百七十余种。

（四一）王国维编：曲录　王忠悫公遗书第四集，三册。本书收剧目约三千余种，但各书末有提要。

（四二）刘复等编：中国俗曲总目稿　民二十一年五月国立中央研究院历史语言研究出版，二册，定价八元。本书收俗曲约六千余种，每种录其开首二行以见一斑，排列依标题（曲名）的字数多少为次，书后有补遗。

（四三）孙楷第编：中国通俗小说书目　民廿二年三月，国立北平图书馆出版，三三四面，定价一元五角。本书收宋至清的语体旧小说六百余种，书末有书名索引。

（四四）谢国桢：晚明史籍考　二十卷，附通检一卷，民二十二年五月国立北平图书馆发行，十册，定价七元。本书搜辑自明天启、崇祯以迄清康熙间平定三藩止，所有的野史裨乘，分别撰成提要，并多载原书序文凡例，以便阅者选读。书前有目录，书后有书名索引,人名索引。

（四五）朱士嘉:中国地方志综录　民廿四年五月商务印书馆出版,共书三册,定价二元八角。本书收集现存地方志五千八百三十二种,自宋熙宁起至民二十二年止,历时八百余年。每书录书名、卷数、编纂时期、版本、藏书者、备考各项。书后有地方志统计图表、民国所修方志简目,上海东方图书馆所藏孤本方志录,国外图书馆所藏明代孤本方志录,以及书名索引。

（四六）杨家骆编:历代经籍志　民廿五年中国大辞典馆出版,原定二册,仅见下册。此册搜集"汉书艺文志"（附拾补）、"后汉艺文志"、"三国艺文志"、"补晋书艺文志"、"隋书经籍志"（附补编）、"旧唐书经籍志"、"唐书艺文志"、"补五代史艺文志"、"宋史艺文志"（附补编）、"补辽金元艺文志"、"补三史艺文志"、"元史艺文志"、"明史艺文志"、"清史稿艺文志"等书汇辑而成的。

第七章　索引的使用

索引（index）一名"引得"，亦有称为通检的，是将书籍或报刊的内容，如人名、篇名、事物名称或某重要事项，用检字或分类的方法排列起来，注明它在该书的页面数。索引是一种读书治学的工具，我人搜集某种参考资料有了索引以后，时间与精力上都可节省得许多。古时候的读书人，因为没有索引一类的工具书，治学比现代人艰难困苦得多了，十三经、二十四史……，他们几乎都是死背硬记的。如今有了索引的编制以后，什么都用不到死记的工夫了。洪煨莲氏说："引得是一种学术的工具，学者用之，可于最短时间中，寻检书籍内部之某辞或某文。"杜定友氏云："求读书治学敏捷的方法很多，而索引就是其中之一。"可见它的重要。

我们常见的索引可有三种：一种是书籍索引，一种是期刊索引，一种是日报索引。现在分别记述于下：

（A）书籍索引

这是以图书的内容为主的，将书内的人名、物名、地名、专名词等，分别著录下来，并依照一定的顺序排列着。

这种书籍索引，又可分为一书的索引与群书的索引。一书的索引是以某一部书的内容为范围的，大抵附印在原书的后面，即本书第三章中所说的。这种一书的索引，西文书中已很普遍。至于群书的索引，那是选择某一类的若干图书，将它的全部内容编成索

64

引。这种索引大多数是单独出版的,如开明书店的"二十五史人名索引",浙江省立图书馆的"丛书子目索引"。譬如二十五史,这是我国史册的总结集,所包罗的人物真是浩如烟海,并且同代同名、异世同名的人也非常之多,翻检多么费时;现在有了这部二十五史人名索引出版,只要依照某人姓氏的四角号码,一翻即得。再如吾国丛书的刊刻,无虑数千种,数目既多,包罗自然很广,现在有了丛书子目索引,只须晓得某书的书名或著者,即可查得它是否有收入丛书内,是收在哪一部或哪几部丛书的某卷某册内的。

现在把我国出版的几种重要书籍索引选录于下:

(一)三民主义注释与索引——陈彬龢编,商务印书馆民十九年十一月出版,定价一元四角。本书共分三部,第一部为目录,第二部为索引,第三部为注解。索引部分是依四角号码排列的,凡"三民主义"中的每一事物与每一专名词都已编入索引内。

(二)艺文志二十种综合引得——燕京大学图书馆引得编纂处编印,民二十二年一月初版,四册,定价二十元。这书所收的艺文志有(1)班固:汉书艺文志,(2)姚振宗:后汉艺文志,(3)姚振宗:三国艺文志,(4)文廷式:补晋书艺文志,(5)长孙无忌:隋书经籍志,(6)刘昫:旧唐书经籍志,(7)欧阳修:唐书艺文志,(8)顾怀三:补五代史艺文志,(9)托克托:宋史艺文志,(10)倪灿:宋史艺文志补,(11)倪灿:补辽金元艺文志,(12)金门诏:补三史艺文志,(13)钱大昕:补元史艺文志,(14)张廷玉等:明史艺文志,(15)禁书总目,(16)全毁书目,(17)抽毁书目,(18)违碍书目,(19)征访明季遗书目,(20)朱师辙:清史稿艺文志。以上二十种自先秦迄清末,收录图书当在四万种。

(三)四库全书及未收书目引得——燕京大学图书馆引得编纂处编行,民二十一年二月初版,二册,定价四元。"四库全书总目提要"所收书极多,原目是依四库分类排列的,检查颇不方便,现在有此索引,要检查某一书或某人所撰的书究竟在总目的哪一卷里面,是非常容易的。

(四)汉译西文书目索引——浙江省立图书馆编印,民二十三年出版。此书收罗翻译本书约一千种。

(五)丛书子目书名索引——施廷镛编,国立清华大学图书馆民二十五年三月出版,一五三九面,精装定价四元五角。本书共收丛书一千二百七十五种。书末有所收丛书一览,丛书书名索引,丛书简称索引。书首有划数检字表,部首检字表。

(六)丛书子目备检(著者之部)——曹祖彬编,金陵大学图书馆发行,民二十四年一月初版,五五八面,新闻纸本定价一元,道林纸本一元四角。此书收罗丛书三百六十余种,依著者笔划序列。

(七)丛书子目索引——金步瀛编,民二十四年九月开明书店增订本,四四一面,定价二元。这书共收丛书四百种,都是浙江省立图书馆所庋藏的。

(八)群书检目——杨树达编,北平好望书店发行,民二十三年七月出版,五五〇面,定价二元。本书收集唐以前的国学书七十多种,把各书的细目重新经过一番编次,以便翻检。

(九)十三经索引——叶绍钧编,民二十三年九月开明书店再版,一七一八面,定价五元五角。此书将十三经全文逐语分割,按照语首的笔划多少编排,以下注明该语出于何经何篇何章。例如要查"君子听鼓鼙之声,则思将帅之臣"这两句的出处,查这部十三经索引,就晓得它是在礼记乐记第二十五节当中。书首又有检字表与篇目简表。

(一〇)仪礼引得——燕京大学图书馆引得编纂处出版,初版于民二十一年一月。这书采用四部丛刊的仪礼郑注与阮刻十三经注疏的贾疏为底本,用中国字庋撷法编制成索引,又附录郑注引书和贾疏引书引得,末有笔划检字与拼音检字表。

(一一)周易引得——民二十年十月燕大图书馆引得编纂处发行,一八五面,定价二元五角。此书分经文与引得两部分。

（一二）宋元学案人名索引——邓元鼎与王默君编，民二十五年一月商务印书馆出版，一五四面，定价五角。

（一三）佛藏子目引得——民二十二年三月，燕大图书馆引得编纂处编印，全书三册，定价三十元。此书是综合日本所出的四种大藏经（即大藏经、卍字藏、续藏经、大正新修大藏经）的经名、品名梵音，以及撰译人名而成的。

（一四）道藏子目引得——翁独健编，民二十四年七月燕大图书馆引得编纂处发行，二一六面，定价六元。书首有道教宗源、道藏目录凡例、分类引得号数表，魏哲氏道藏分类表，史传引得引书表。

（一五）说文通检——清黎永椿编，光绪五年刊本，十六卷，计二册。说文解字一书虽然已经分部排列，但初学者颇不便检查，此书把说文篆书写成真书，依照笔划多寡次第编录。

（一六）文选注引书引得——民二十四年十月，燕京大学图书馆引得编纂处编印。文选一书，自唐以来有两种注本，一为李善注；一为五臣注，南宋以后，合两注为一，名为六臣注。本索引即根据四部丛刊本六臣注文选，将其引用诸书的书名编为索引。

（一七）全上古三代秦汉三国六朝文作者引得——燕京大学图书馆引得编纂处编，民二十一年九月初版。"全上古三代秦汉三国六朝文"一书是清严可均费了二十七年时间辑成的，共计有七百四十一卷，自上古至隋朝的作品凡三千四百余家，都汇录于此。原书对于各家作品的排列是依朝代分的，读者如果不知道某作者的时代，就无从检索原文，本索引即按照作者姓名编录，书末附有拼音及笔划检字表，编韵检字表。

（一八）全唐诗文作者引得合编——林斯德编，山东青岛大学图书馆发行，民二十年七月初版，本书将"全唐诗"及"全唐文"两书的作者，依笔划编为索引。

（一九）别集索引——浙江省立图书馆编，民二十年印。本索引收该馆所藏的诗文别集,依书名笔划多寡编录。

（二〇）清代文集编目分类索引——国立北平图书馆编印,民二十四年十一月初版,一二二三面,定价八元。本书收清代别集总集四百四十种,将所载的论文,每篇依其性质分类,分学术文、传记文与杂文三部,每部下面再分若干类,编成索引。卷首有所收文集目录,所收文集提要,所收文集著者姓氏索引,学术文之部目录。卷中附有传记文目录,传记文部姓氏检字表。

（二一）毛诗引得——燕京大学引得编纂处编,民二十三年十月出版。本书将诗经经文的每一字编成索引,例如要查"钟鼓乐之"一句,无论依"钟"字,"鼓"字或"乐"字,都可查得该句出于那一章。书前有毛诗全文。

（二二）元诗纪事著者引得——民国二十年七月,燕京大学图书馆引得编纂处出版。本书把陈石遗的元诗纪事四十五卷（涵芬楼本）编成作者姓氏索引。

（二三）唐诗纪事著者引得——燕大引得编纂处编,民二十三年七月初版。"唐诗纪事"为宋朝计有功所撰,原书八十一卷,收唐诗人一千一百五十家,本书依最通行的四部丛刊影印明嘉靖洪氏刊本,编成著者索引。

（二四）宋诗纪事著者引得——民二十三年七月,燕京大学图书馆引得编纂处出版,一二七面,定价二元五角。"宋诗纪事"是清雍乾时钱塘厉鹗所撰的,计一百卷,抄撮诗家三千八百余。本索引是根据宋诗纪事、宋诗纪事补遗及宋诗纪事小传补正三书的著者编录排比,注明各著者所在的卷页数。

（二五）太平广记篇目及引书引得——邓嗣禹编,燕大图书馆引得编纂处出版,民二十三年一月印行。"太平广记"为宋李昉等奉敕撰,书都五百卷,另有目录十卷,其所引用的图书当在三百四十余种。原书所述虽多神怪,亦有名物掌故错出其间,且所引书大多亡佚,可供辑佚者考订之用。

（二六）说苑引得——民二十年二月燕大图书馆引得编纂处出版。"说苑"一书是采集先秦典籍与汉代著作而成的,其中所引的图书多已亡佚。是研究古史者所必检的书。本索引据四部丛刊本编制人名、地名、书名、仪物名词、制度名词、抽象名词及各个事件等索引,并列出十二种版本的推算数,使读者对于任何种版本的书都可检到。

（二七）容斋随笔五集综合引得——民二十二年五月,燕大图书馆引得编纂处出版。容斋随笔五集,七十四卷,宋洪迈撰。此书是治宋史和考据学者所必读的书籍,全书有一千二百十九条,三十五万余言。本索引系根据光绪二十年洪氏重刊本编成的。

（二八）二十五史人名索引——开明书店二十五史编纂刊行委员会编,民二十四年十二月初版,五一八面,定价一元。这索引专供检查开明版二十五史之用,如备有旧本十七史、廿一史、廿四史与新元史的也可以应用。人名依四角号码排列,后有笔划索引。

（二九）中国人名大辞典索引——民二十五年四月,商务印书馆编印。该馆曾出版"中国人名大辞典"一书,所录人名是依姓氏笔划多寡排列的,同划单字多至一百三十余字;而同字的姓氏如"王"姓,有一千八百多条,翻检颇感忙繁。本索引即将该书改用四角号码编排,检查上因此方便得多了。

（三〇）历代同姓名录引得——燕京大学图书馆引得编纂处编,民二十年八月初版。"历代同姓名录"为清朝刘长华所辑,原书排列不便于检查,本索引用中国字庋撷法编成人名索引。

（三一）室名索引——陈乃乾编,开明书店民二十三年六月增订本。本书把我国文人别署的室名五千余,依笔划编成索引,每条录其姓名和时代,要检查某室主人是何人,一翻即得。书前有总目与检字表,书后有补遗。

（三二）别号索引——陈乃乾编,开明书店民廿五年出版。本书取名人别号五千余条,注明他的姓名、时代、籍贯,可补助人名辞典的不足。

（三三）古今人物别名索引——陈德芸编，民廿六年广州岭南大学图书馆出版。

（三四）八十九种明代传记综合引得——田继宗等编，燕大图书馆引得编纂处出版，民廿四年五月初版，三册，定价二十元。此书将八十九种明代传记专书的被传人姓名及字号编成索引，如要翻查明代名人在哪一种传记书中有传，只要照该人姓名或者字号笔划，即可检得。这书对研究明史者有莫大的帮助，现在把这八十九种传记的书名、作者和根据的版本列下：

（1）张庭玉等：明史（列传之部），据清光绪癸卯五洲同文书局石印本。

（2）万斯同：明史（列传之部），钞本。

（3）王鸿绪：明史稿（列传之部）敬慎堂刊横云山人集本。

（4）张嘉和：皇明通纪直解，明刻本。

（5）焦竑：国朝献征录，明万历刻本。

（6）凌迪知：国朝名世类苑，明万历刻本。

（7）项笃寿：今献备遗，明万历刻本。

（8）徐开江：明名臣言行录，清康熙辛酉刻本。

（9）徐纮：皇明臣琬琰录，明刻本。

（10）王宗沐：皇明名臣言行录，明嘉靖刻本。

（11）刘廷元：国朝名臣言行录，明刻本。

（12）沈应魁：皇明名臣言行录，明嘉靖三十二年刻本。

（13）童时明：昭代明良录，明万历刻本。

（14）焦竑：皇明人物考，明万历刻本。

（15）林之盛：皇明应谥名臣备考录，明刻本。

（16）雷礼：国朝列卿记，明刻本。

（17）王世贞：嘉靖以来首辅传，借月山房汇钞本。

（18）吴伯兴：国朝内阁名臣事略，明崇祯刻本。

（19）雷礼:内阁行实,明刻本。

（21）黄金:皇明开国功臣录,明正德刻本。

（21）何出光等:兰台法鉴录,明万历刻本。

（22）王兆云:皇明词林人物考,明万历刻本。

（23）未详:明名人传,明稿本。

（24）曹溶:明人小传,钞本。

（25）沈佳:明儒言行录续编,四库全书钞本。

（26）陈盟:崇祯阁臣行略,知服斋丛书本。

（27）曹溶:崇祯五十宰相传,国家扶辅社铅印本。

（28）王凝斋:掾曹名臣录,续说郛丛书本。

（29）徐秉义:明末忠烈纪实,钞本。

（30）赵吉士:续表忠记,清康熙刻本。

（31）缪敬持:东林同难录,清叶氏耕学草堂刻本。

（32）过廷训:本朝分省人物考,明天启刻本。

（33）刘凤:续吴先贤赞,明万历刻本。

（34）朱睦㮮:皇朝中州人物志,明隆庆刻本。

（35）温睿临:南疆绎史,半松居士活字本。

（36）李瑶:南疆绎史摭遗,清道光刻本。

（37）徐晟:续名贤小纪,涵芬楼秘笈本。

（38）张大复:梅花草堂集,明刻本。

（39）陈鼎:东林列传,售山山寿堂刻本。

（40）朱彝尊:明诗综,清康熙刻本。

（41）徐鼒:小腆纪年,清咸丰刻本。

（42）尹守衡:明史稿,清光绪丙戌刻本。

（43）朱彝尊与王昶:明词录,四部备要本。

（44）杨廉与徐咸:皇朝名臣言行录,明嘉靖刻本。

（45）沈士谦:明良录略,续说郛丛书本。

（46）李同芳:皇明将略,明天启刻本。

（47）王袆：造邦贤勋录略，续说郛丛书本。

（48）朱当㴐：靖难功臣录，胜朝遗事本。

（49）陈伯陶：胜朝粤东遗民录，真逸寄庐刻本。

（50）彭孙贻：甲申后亡臣表，钞本。

（51）张芹：建文忠节录，学海类编集余本。

（52）吴应箕：熹朝忠节死臣列传，荆驼逸史本。

（53）汪有典：前明忠义别传，活字本。

（54）高承埏：崇祯忠节录，钞本。

（55）舒赫德等：胜朝殉节诸臣录，清乾隆刻本。

（56）顾苓：南都死难纪略，殷礼在斯堂丛书本。

（57）屈大均：明季南都殉难记，国学丛书社铅印本。

（58）李长祥：天问阁集，仰视千七百二十九鹤丛书。

（59）徐鼒：小腆纪传，光绪丁亥金陵刻本。

（60）徐鼒：小腆纪传补遗，光绪丁亥金陵刻本。

（61）傅维鳞：明书，畿辅丛书本。

（62）方象瑛：明史分稿残编，振绮堂丛书本。

（63）李贽：续藏书，明万历刻本。

（64）陈田：明诗纪事，光绪己亥陈氏刻本。

（65）徐沁：明画录，读书斋丛书本。

（66）未详：逊国记，续说郛丛书本。

（67）未详：沧江野史，续说郛丛书本。

（68）未详：海上纪闻，续说郛丛书本。

（69）未详：沂阳日记，续说郛丛书本。

（70）未详：泽山杂记，续说郛丛书本。

（71）未详：溶溪杂记，续说郛丛书本。

（72）未详：郊外农谈，续说郛丛书本。

（73）祝肇：金石契，续说郛丛书本。

（74）陈沂：畜德录，续说郛丛书本。

72

(75)徐祯卿:新倩籍,续说郛丛书本。

(76)顾 璘:国宝新编,续说郛丛书本。

(77)邹 漪:启祯野乘二集,清康熙四十三年刻本。

(78)章于今:江人事,野史二十一种本。

(79)张 芹:备遗录,续说郛丛书本。

(80)朱谋㙔:藩献记,续说郛丛书本。

(81)毛奇龄:彤史拾遗记,胜朝遗事本。

(82)孙慎行:恩岬诸公志略,荆驼逸史本。

(83)黄宗羲:明儒学案,四部备要本。

(84)钱谦益:列朝诗集小传,清康熙刻本。

(85)俞 宪:盛明百家诗,明刻本。

(86)朱彝尊:静志居诗话,扶荔山房刻本。

(87)龚立本:烟艇永怀,虞山丛刻本。

(88)朱国祯:开国臣传,明刻本。

(89)朱国祯:逊国诸臣传,明刻本。

(三五)三十三种清代传记引得——林联喆与房兆楹编,燕大图书引得编纂处发行,民二十一年十二月出版,三九二面,定价五元。本书将三十三种清代传记专书的被传人名(仅列姓名)编成索引,要晓得清代名人在某书中有无专传,可依该人姓名笔划检查这本索引。书中所收清代三十三种传记书名、著者与版本如下:

(1)赵尔巽等:清史稿(列传之部),民十六年印行。

(2)中华书局编:清史列传,民十七年该局印行。

(3)李垣:国朝耆献类征,湘阴李氏版。

(4)钱仪吉:碑传集,光绪十九年江苏书局校刊。

(5)缪荃孙:续碑传集,光绪十九年江苏书局校刊。

(6)闵尔昌:碑传集补,民二十年北平燕大国学研究所印。

(7)李元度:国朝先正事略,中华书局四部备要本。

(8)朱孔彰:中兴将帅列传,中华书局四部备要本。

（9）朱方增：从政观法录，光绪十年映雪庐本。

（10）徐世昌：大清畿辅先哲传，天津徐氏刊本。

（11）满洲名臣传，菊花书室刻本。

（12）汉名臣传，菊花书室刻本。

（13）江藩：国朝汉学师承记，光绪十二年万卷书室刻本。

（14）江藩：宋学渊源记，光绪十二年万卷书室刻本。

（15）徐世昌：颜李帅承记，天津徐氏刊本。

（16）唐鉴：清儒学案小识，光绪十年黄氏刊本。

（17）王藻等：文献征存录，咸丰八年嘉树轩本。

（18）王炳：国朝名臣言行录，光绪十一年广仁堂刊本。

（19）李濬之：清画家诗史，民国十九年刊本。

（20）叶恭绰：清代学者像传，民国十七年叶氏刊本。

（21）施淑仪：清代闺阁诗人征略，民国十一年崇明女子师范讲习所刊本。

（22）郑方坤：国朝名家诗钞小传，杞菊轩刊本。

（23）张维屏：国朝诗人征略（初编）。

（24）张维屏：国朝诗人征略（二编）。

（25）汪启淑：飞鸿堂印人传，翠琅玕馆丛书本。

（26）窦镇：国朝书画家笔录，宣统三年文学山房刊本。

（27）冯金伯等：国朝画识，道光辛卯刊本。

（28）冯金伯：墨香居画识，自刊本。

（29）震钧：国朝画人辑略，光绪戊申金陵刊本。

（30）李集等：鹤征录，同治十一年漾葭考屋本。

（31）李富孙：鹤征后录，同治十一年漾葭考屋本。

（32）秦瀛：己未词科录，嘉庆十二年世恩堂本。

（33）国史列传，东方学会印。

（三六）水经注引得——郑德坤编，燕大图书馆引得编纂处发行，民二十三年五月出版，二册，定价二元。本书将郦道元"水经

74

注"中的人名、地名、山名、水名、书名等编成索引。书前有编者序文,详述水经注的源流,内容价值,研究经过和版本的因袭等。

(三七)英文现代日本名人索引——刘百闵编,民二十二年十一月正中书局出版。这本英文现代日本名人索引,是日本研究会小丛书第三十三种,它是把现代日本名人姓名译成英文,按照英文字母顺序排列的。英文人名之下,附有日文人名,可以互相对照。

(三八)英文日文地名索引——周济正编,民二十三年一月正中书局出版,这是日本研究会小丛书第四十种,是将日本地名译成英文,依英文字母序列。英文地名下面同样附有日文地名。

(三九)中国水道地形图索引——全国经济委员会水利处编,民廿五年四月发行。本索引是将我国水利和测量机关所制的水道与地形图分别制成索引图,共计有四十九幅,每一索引图的旁边附有一览表,详载该图的比例表,测量年月和出版处等。

(四〇)清代书画家字号引得——蔡金重编,燕大图书馆引得编纂处编,民二十三年十月初版,一七九面。本书收罗有清一代书画家五千七百八十七人,分别著录姓名,字号编为索引。所收的画家,采自下列八种书画家传记。

(1)李濬之:清画家诗史,民十九年刻本。

(2)窦镇:国朝书画家笔录,宣统三年文学山房印本。

(3)冯金伯等:国朝画识,道光辛卯刊本。

(4)冯金伯:墨香居画识,自刊本。

(5)震钧:国朝画人辑略,光绪戊申金陵刻本。

(6)李充国:八旗画录,铅印本。

(7)江铭忠:清代画史补录,民十一年铅印本。

(8)洪业辑校:清画传辑佚三种,民二十五年燕大图书馆引得编纂处铅印本。

(四一)太平御览索引——洪业等编,民二十四年一月燕大图书馆引得编纂处出版,二六一面,定价九元。此书将太平御览的细目编成篇目索引,又将该类书所引用的图书,编成书名索引,书末附笔划及西文拼音检字法。

(四二)总理遗教索引——陈培玮与胡去非编,民二十六年上海商务印书馆出版。

(四三)中国历代年号索引——汪宏声编,民二十五年上海开明书店出版。

(四四)慧琳一切经音义引用书索引——北大研究院文史部编,五册,民二十八年三月商务印书馆出版。

(四五)清代文集编目分类索引——王重民辑,国立北平图书馆出版。

(四六)清代文史笔记索引——王育伊编,开明书店发行。

(四七)中国铁路问题参考资料索引——麦健曾与李应兆编,民二十五年七月国立交通大学研究所北平分所发行。本书所收资料包括铁道方面公文法规,公私报告,官民记载,专书杂著等,并选收英文铁道书籍,分十四类排列。

(B)期刊索引

期刊索引是将期刊中的论著,依著者或篇名,用分类法与检字法排列起来,备作检索原文之用的。期刊是每星期或隔三月以下连续发行的出版物,内容有综合性的(如商务印书馆的"东方杂志");也有专门性的(如从前中国化学会出版的"化学"季刊)。因为它的内容大抵有时间性,所以许多新发生的问题或者学术界新近的成就,每每未有专书出版,而期刊里面已有文字刊载了,可见期刊对于学术研究上,也是很重要的参考资料。期刊有了索引的编制,把各种分散在各处的材料汇集在一起,那就可以解决许多找寻的困难了。

关于期刊索引的编印,在西欧诸国已很平常,如美国在一八○二年的时候,就有 Pooies Index 的出版,又如美国纽约的威尔逊图书公司(The H. W. Willson Company),也出版过 Readers, Guide to

Periodeal Literature,Agricultural Index……等好几种期刊索引。我国社会上一般人们,因为没有看重这些工具书,因此索引的编制与发行,至今还没有普遍。

期刊索引因取材的不同,有普遍与专门的分别,前者是指定采用一种或数种期刊,把它的内容全部材料,一一著录编成的索引,如我国中山文化教育馆所出版的"期刊索引";后者是搜集期刊中某一专门学科的论著而编成的索引,如邰爽秋编的"教育论文索引"是。

我国曾经发行过的"普通"性期刊索引,有岭南大学图书馆的"中文杂志索引",中山文化教育馆的"期刊索引"与上海人文编译所出版的"人文月刊"中所附的杂志篇目索引……等,现在分别记述于下面:

(一)期刊索引——这是中山文化教育馆定期出版物之一,民二十三年十一月创刊,每月发行一期,年分两卷,至民二十五年十月止已出齐六卷。该刊是将全国所出版的重要杂志论文汇合编成索引,使散见于各期刊中的论著,可以藉此得以指引。本索引每期所收的期刊,至少两百种,至多五百余种,平均每期在三四百种左右。内容分著者索引,分类索引和著者篇名标题索引。著者索引是按照著者第一个字,用汉字形位排检法排列的。分类索引是按各论文题目的性质,采用"杜氏图书分类法"排列。著者篇名标题索引就是字典式的索引,它是混合著者、篇名、标题三种,依笔划多寡序列的。该刊目第一卷第一期至第三卷第二期都采用字典式索引,第三卷第四期起才改用著者与分类两种索引。第三卷第五期是法学论文专号,第三卷第六号附有庄泽宣的五年来教育论文索引。

(二)中文杂志索引(第一集)——岭南大学图书馆编,民二十四年十月出版,平装二册,定价七元。本索引收清季至民国十八年冬季以前的普通杂志一百零五种,各依论文性质编列,以标题为索引的主要题目。例如要检查罗廷光作的"小学心理概说"一文,该书即用"数学心理"为标题,检查时先检"数"字,可查得数学心理四字,再依笔划顺序,就可以得到这个论文题目。全书采用德芸字典的横、直、点、撇、曲、捺、趯笔法,首有所收杂志一览表,译名对照表和笔划检字表。

(三)最近杂志要目索引——本索引附在上海人文编译所出版的"人文月刊"后面的。该刊是民国十九年二月十五日创刊的,每年出版十期,每期均有"最近杂志要目索引"登载,篇幅占全刊物二分之一以上,所收的期刊,每期平均在二百五十种左右。每篇论文依它的性质,略照杜威十进分类法分类。我国按月出版的期刊索引,这是最早的一种。

(四)资料报导——桂林广西地方行政干部训练团教务处第二股编,民国三十年五月间创刊,月出一册,为该团"行政与训练"月刊的副刊。本刊每期收期刊百数十种至两百多种,并且兼收几种重要报纸上的论文,内容分类编排,每条著录篇名、作者、期刊或报纸名称、卷期或出版期。该索引的特点,是以抗战的立场为分类的基础;各类目的编定,是随时针对现实环境变动的,卷首有索引分类大纲,可助检查,惜同类的篇目,未照排检法序列。

(五)"教育杂志"索引(第一卷至第二十三卷)——陈东原编,民二十五年一月商务印书馆出版,平装定价一元。本索引是将商务所出版的"教育杂志",自第一卷起至二十三卷止所载的全部材料,汇编为分类索引(依杜威氏的十进分类法分类)、篇名索引和著者索引(首字依四角号码检字法)。分类索引中,每题目都有简括的提要,使阅者能明了该文的大意。

(六)"教育杂志"索引(第二十四卷至二十五卷)——教育杂志社编,民二十五年五月出版,定价二角五分,全书包括分类索引,篇名索引,著者索引。卷首有分类表,编制体例与前书同。

(七)"科学"总索引(第一卷至第十五卷)——中国科学社

编,民二十一年七月出版,一六四面。这是将"科学"月刊自第一卷起至第十五卷止所有的论文篇目,依性质编为十三类,作检查"科学"月刊的论文用的。

（八）"图书馆学季刊"总索引（第一号）——中华图书馆协会编印,民廿六年出版。这是集该会所出版的"图书馆学季刊"第一卷至第十卷的论文编成的,内分人名索引、题目索引与分类索引。分类索引按照书首所定的分类次序排列,同类的再按题目笔划序列。人名和题目索引都照笔划多寡顺序,并各附有笔划检字表;书末又有译名对照表。

以上所举八种期刊索引是属于普通类的,前四种是选择多种期刊的材料,依其性质分类编成的;后四种是专用某一种期刊的材料编成的。至于专门性的期刊索引,我国已出版的颇有许多,有专书出版的,也有附刊于定期出版物之中的。现在把参考上较为必需的几种专门性的期刊索引,引举于下:

（一）日本期刊三十八种中东方学论文编目附引得——于式玉编,燕京大学图书馆引得编纂处出版,民国二十二年九月间初版。日本国内所出版的各种定期刊物中,时常有讨论我们中国语言学,经学,史地、文学、哲学、社会科学、目录学等的论文发表,这是颇值得国内学者注意的。燕京大学图书馆就搜集了该馆所藏的三十八种著名期刊,把所有关于讨论这方面的论文,一一分别著录下来,编成中东方学论文篇目索引。全书有分类、著者、篇名三种索引。卷首有所收日本期刊表及笔划检字,拼音检字。

（二）国学论文索引（正编至四编）——国立北平图书馆索引组编,中华图书馆协会印行,民十八年至二十五年出版,每编四册,定价各一元。本索引"正编",收集八十二种期刊上的国学论文三千余篇,分作十七类编排,按类求目,按目求篇。书前有所收杂志卷数号数一览。"续编"的编列与正编同,所收期刊八十多种,大抵为民十九年间的刊物。"三编"收期刊一百九十二种,体例与前两种相同,不过对于有价值的论文,另注内容,凡历代文学家,皆略记其籍贯、别号与生卒年代。除卷首有该书所收杂志卷号数一览外,编末有民十七年至廿二年间期刊创刊月日一览。"四编"体例亦仍前编,惟类目稍有更动,收期刊两百多种,其出版期大约在民廿三年一月至廿四年十二月之间的,计篇目四千余条。该刊续、三、四各编末尾,均附有"近代档案索引"。

(三)心理学论文索引——张耀翔编,民二十年十一月初版,二四八面,定价七角。本索引收罗二十七种期刊(均从创刊号起至二十年十月止)中的心理学论文,编成分类索引,每篇论文均有提要。

(四)心理学论文引得——张德培编,民二十四年六月北平文化学社发行,五二四面,定价一元二角。本索引与上举张耀翔编"心理学论文索引"相衔接,收集民十九年七月至二十三年六月间出版的期刊一百余种,共计论文九百三十四篇,每篇篇目之下附有提要,并注出原文载某期刊某卷某期和出版期、出版处等。

(五)法学论文索引——刘子崧等四人编,民二十四年一月,中山文化教育馆发行,一二一面。本索引收光绪三十年起至民国二十三年止的期刊二百四十七种,另选报纸和论文集十余种,所得论文五千余篇,分类排列,为我国三十年来期刊中法学论文的总汇。本册即"期刊索引"第三卷第三号。

(六)增订教育论文索引——郜爽秋等编,彭仁山增订,民二十一年九月上海民智书局发行,六九八面,定价三元五角。本索引依论文性质分类编列,排列法依卷首的分类表分类编排,所收论文有六千五百八十余条,每条注篇目、作者、刊名、期数、出版期等项。书端又有所收各期刊名称和卷期号数表。

(七)中国昆虫学文献索引——汪仲毅编,民廿三年南通昆虫趣味会出版。本书有刊物、著者和标题三种索引。刊物索引与著者索引各分中西文两种,中文依笔划排列,西文照字母顺次排列,每一著者的篇目,依出版时期的先后为序,附带注出刊物名称和卷期数。标题索引依文字性质分列一百十六个细目。

(八)农业论文索引(正续两编)——金陵大学农业历史组编,正编于民国二十二年十二月出版,定价十二元六角;续编在民国二十四年七月间出版,定价三元。这书的正编收中文期刊三百十二种,西文期刊三十六种,丛刊八种,依论文的性质,分中西文两部分,计有中文标题索引三万条,西文六千余条,咸丰八年(一八五八)至民国二十年(一九三一)间发表的农学论文,大体已备,书首有中文期刊、丛刊一览表,书末有中文标题首字笔数索引;西文部前面也附有所收期刊,丛书一览表。续编收集民国二十一年至民国二十三年间中文杂志五百四十七种,丛刊六种,西文期刊及丛刊三十种,编成中文索引一万三千多条,西文索引一千余条。

(九)水利论文索引——全国经济委员会水利处编,民国二十四年十二月出版,定价一元。此书收期刊四十种,系宣统二年至民国二十四年六月间所出版的。论文篇目依分类排列,书前有分类表和所收期刊一览表。

(一○)文学论文索引(一编至三编)——陈璧如与刘修业等编,民二十一年至民二十五年,国立北平图书馆发行。每编平装一册,价一元六角。正编收期刊(并兼收报纸若干种)一百六十二种,刊期由光绪三十一年起至民国十八年底止。计有论文四千余篇。全书分上中下三编,上编为文学总论,中编为文学分论,下编为文学家评传,书首有所收期刊卷期数一览,末有文学教学法、文学书目、文学书籍介绍、文学家介绍、文坛消息等附录。续篇收期刊和报纸共一百九十三种,自民国十七年至二十二年五月间所出版的。本编是赓续正编之作,内容体例大部与正编相同,附录有文学书目(作家著述考附),文学书籍的介绍,文学家的介绍,文坛消息,艺术等五种。三编收报刊二百二十余种,是民二十二年至二十四年底出版的,共有论文四千多篇,编例与上两编相似,惟凡有价值的论文,本编另附有简明提要。

（一一）中国地学论文索引——王庸与茅乃文编,国立北平图书馆发行,民二十三年四月初版,四五四面,定价一元六角。本索引收期刊一百二十三种,自光绪二十八年起至民国二十二年间出版的为止。论文篇目依性质分为下列八大类,即:(1)地志及游记,(2)地文(附生物),(3)民族,(4)政治,(5)交通,(6)经济,(7)历史,(8)地理图书及中国地学与地学家。书前有所收期刊一览表,书末有地名索引和著者索引。这书所包罗的论文,性质并不限于纯粹的地理学,诸如其他自然状态或人文事实的有地域性者,亦一并收入,所以此书除供研究中国地理学的人搜集资料之外,凡政治、经济、社会或研究人文现象的学者,都有参考的必要。

所举的期刊索引,都是指有专书出版的;至于附刊在期刊上面的专门问题索引,近十多年来国内各定期出版物上较为多见,关于这类附在期刊上的索引,最好能够随时把它的名目著录下来,以便必要时找到原出版物之用。记载的方式可以这样,如:

外交论文索引　见外交月报六卷一期,民二十四年一月,北平府右街运料门里中海宝光门外交月报社发行,张觉民编。本索引浙江省立图书馆有藏。

中国经济社会史论文索引　见食货月刊一卷六期,民二十四年二月,上海四马路新生命书局发行,陈啸江编。本索引国立北平图书馆有藏。

这里附带再来说明期刊索引的鉴别。关于这,读者在选择期刊索引的时候,应注意到下面几点:

(A)注意索引材料的种类及数量,如果是普通索引,应注意其所收期刊的数量的多寡,各类材料的分配比率平均否,专科索引须注意它所收材料是否丰富。

(B)注意索引内所包括材料的时期,时期愈长,材料一定丰富,应用范围必大;同时须注意索引是否定期出版或有续编,三编等继续发行。

（C）注意索引编制的方法，是否有著者、篇名、标题或分类等各种索引，如果有标题或分类索引，留心它采取的标题是否正确，分类是否恰当。

（D）每条索引的登录是否简明完全，有附提要否，著录有错误否。

（E）检查方便否，有否分类表，笔划检字表或中英人名对照表等附录。

（F）校对精密否，印刷清晰否。

（G）注意编辑者的资历地位和他的著作是否很有声望。如果是学术机关编辑的，应注意其过去对学术界的贡献与声望如何。

（H）如果是连续出版的期刊索引，能定期出版否。

（G）日报索引

日报索引是搜罗报纸上的材料汇编排比的，内容较之期刊索引更为复杂。新闻纸是每日或隔六日以下继续发行的，内容包罗万象，故编制索引颇不容易，中外所出版的日报索引，均不大多觏。

这种索引亦可分为普通与专门两类，普通性的如英国泰晤士报索引与我国中山文化教育馆的日报索引，前者是取一种报纸的全部材料编辑的；后者是集若干种著名报纸的全部材料编成的。至于专门性的日报索引，是采取数种报纸上某一门的材料而编的，如拙编的"日报教育论文索引"（见浙江省立图书馆出版的浙江图通讯季刊创刊号），不过这一类的专题日报索引，还很少见。今把中山文化教育馆出版的日报索引介绍于下面：

"日报索引"初发行时，是与该馆的期刊索引合版的，后来认为材料太多，才从二十三年五月起单独发行，别立卷期，定名为"日报索引"月报。本索引的内容，收集申报、新闻报、时事新报、中央日报、武汉日报、大公报、北平晨报、香港工商日报、香港循环日报、广州民国日报、西京日报、星洲日报等十二种报纸，编成分类与著者索引。分类索引每期约一万余目,登录分:类目、报题、报名、日期、张数和版数等项,首有分类表可以助检,著者索引系按著者姓氏笔划次序排列的,译文原著者排列于中文译者的后面,末附分类表与类名笔划索引。本刊每月发行一期,每年两卷,一月份出版的报纸,在三月份出版物中即有收录,其余循此类推。

第八章　字典与辞典

工具书的意义与范围——工具书的功用——工具书的鉴别法——字典的运用和选择——国内出版字典举要——英文字典的鉴别——中外英文字典举要——辞典的作用——国内出版辞典举要

图书馆里的藏书，大抵可以包括三部分，一种是普通图书，是专门供给读者全部分阅读的书籍；一种是参考材料，这是临时供给读者参考用的，如期刊、新闻纸、社会刊物、各机关团体的报告统计书等等；一种是工具图书，是用以检查某一题目的事实或材料的，如字典、辞典、类书、百科全书、书目、索引、年鉴、年表、地图等。不过以上三类，只是就大体情形而言的，如果广义的说起来，普通书、参考材料与工具书实在没有绝对的分别，无论什么书，只要它在研究某种问题时可以供给资料的，便是关于那个问题的参考书。不过，就中"工具书"一类的性质，其界限较为明显，无论它在编制上或用途上，都和普通书有点不同。就编制言，它是搜集各类事实，依照一定的方法排此；编排的方法或用笔划，或用部首，或分类序列，或依韵排比，或照某种系统排列，或以年月为次，或以地域分编；总之，它是便利读者对某项事实发生疑难或搜集某种资料时检索用的。再就工具书的用途说，它是备必要时检查用的，无需乎从头至尾去读它。图书馆方面为了读者检阅方便起见，往往将这类工具书公开放置在读者容易注目的地方，并且限制仅在馆内阅览，任何人不能借它到馆外去应用。

宇宙之间，学术知识包罗万象，书籍之众真是浩如烟海，决不是一个人的时间与精力所能尽读的；就是研究一事一物，非检查各种参考材料,也不容易着手。林语堂氏在"辞通"序文里说:"今日学术界所最需要者,莫如治学工具之书,……我国学术上若无通志、通考及图书集成、经籍纂诂等有系统之著作可凭,则虚糜之光阴不知又将若何也;况今日治学更非昔比,以腹为笥,究不可能,福特有言曰:'通人者,即遇有难题知就何书翻检之人也。'无论古今中外,治学工具之书,皆指示修学门径,节省时间,且可触类旁通,引人入胜,其嘉惠士林,实非浅鲜,不可以编纂不如著作而轻视之。"工具书功用之大,观此可见一斑。

　　工具书既然是治学不可缺少的书籍,但对于工具书的鉴别能力更为紧要,否则无从明了它的内容与它特长的地方。下面几点是我们利用工具书时应预先加以注意的:

　　(A)出版者是否为有名的书店或著名的学术机关。

　　(B)出版的日期是最近的吗? 有改订本吗? 科学知识是天天在进步中的,有增订本的,应尽量采用增订本。(以上两条,我们要注意原书的书名页和版权页。)

　　(C)编辑者的履历与声望如何? 对某一项问题有丰富的学识吗?(刊有论文的工具书如百科全书等,大抵有执笔者的职衔和经历,甚至于有执笔者的亲笔签名,这是表示负责的意思,读者可以藉此来审别某书的价值。)

　　(D)该书的性质与范围如何? 有什么特色? 看它与同样的书如何比较。(本条各点须读该书的叙言或绪论。)

　　(E)排列便于检查否? 是否有固定的秩序? 与别书所用的方法有没有不同?

　　(F)有互相参照的地方与参照的方法否?

　　(G)有完备的索引、参考书目或引用书目吗?

　　(H)该书内容是否与书名及绪论所说的相符?

　　(I)著作人的立场如何?

　　(J)该书记载正确否? 材料来源可靠否? 有带投机性质否?

（就自己有研究的部分翻阅,比较容易明白。）

（K）该书如有改订本,其改订程度如何？改订部分有多少？

（L）该书如果是多数人的著作,是否著作人各自署名表示负责？（以上各条须审查原书的内容）

（M）纸张质料与字体大小如何？纸张是否坚韧？活字是否清晰？

（N）装订坚固否？（以上两条,可以审察书的外形。）

关于工具书方面,前面曾经述过书目与索引两种,现在再把字典与辞典,类书与百科全书、年鉴等,各分专章讨论于下,本章先来谈论最基本的工具书——字典与辞典。

字典是检查文字的形体结构、声音、意义用的,内容网罗各单字依次排比,是工具书中最普通的一种,如四角号码学生字典（商务）、中华大字典（中华）……。

我国最早解释字义的书,要推"尔雅",然"尔雅"里面,对于字形和字声两方面都没有记载,仅在字的意义上加以诠解,这是古人所谓"训诂""名物"的书。至于具有近代字典式的书,以许慎的"说文解字"为最早。此书音读方面比较疏略,释义也很简单,检查上又不甚方便,只可以供研究文字学者之用。"字典"这名词,还是后来在清朝康熙的时候才有的（最早见于康熙字典）。

字典与辞典两名词,英语都是 Dictionary 这一字,所以辞典也可以认为是字典的一种。但严格言之,辞典是解释两个字以上的词语为主的;字典是以解释单字为主的。我国所出版的"辞海"和"辞源"及美国的"世纪字典"等,单字之外兼载复辞,已含有字典和辞典的双重意义了。若干优良的字典,除了注释音义之外,还有解释字体的变化的,使得读者能够明了某字的演变过程如何。例如英国的"牛津字典",它在解释每个字的意义与用法外,并征引古今中外名家语句二百余万条,来说明单字在各时间上的用处,从历史上考察其字源,意义,以及拼法等等的变化,所以这种字典,最宜专门学者之用。

关于字典的选择与鉴别，我们要注意到下面几点：

（A）著作人与编辑人的学识如何？经验如何？除编辑主干外，有无特约编揖人？他们的学识如何？

（B）出版者是否著名书店或有名望的学术团体？

（C）该书是独创的，或者由何种字典改编的？如果是改编的，和原书比较起来有什么特点？

（D）该书是最新出版的吗？有增订本否？所增订的分量多少？

（E）收罗的单字有多少？范围如何？以什么时期为标准？收通用字或难解的字？其他如废字、简体字、俗字、古字、僻字、俚语、方言、外来字、借用字等有收进否？有没有兼收复词、成语、名词术语等？

（F）各字的注音如何？（中文字典的注音，可分直音、反切、纽声、音标几种，最好是注直音，无直音的可用反切，因为反切往往不容易切得准确声音的缘故。国内近来所出版的字典，亦有采用国语注音符号的，这也足以帮助解决读音的困难。又如中国的古音与今音不同，优良的字典应有注明；又如某字属某韵，完备的字典亦应一并附载。）

（G）释义是否清楚、正确？一字有数义的是否分别注释？解释是否详尽？常用的意义与冷僻的意义，是否分别载明？每字的历史与古今字义的变迁是否有说明？（每字的意义在各时代中，其用法与意义常有不同的，优良的字典应分别注明。）各种注释的编次是否清晰？

（H）释义时有无引证古书或成语？引证是否繁伙？（引证虽繁，亦须有折衷归纳之说，否则众说纷纭，莫衷一是，则不如简单解释为佳。）所引证的例句，有注明详细的出处否？（引书最好载明原书的书名篇名，俾必要时再行参考原书。）

（I）各字排列的方法是否便利？（我国字典有各种排列方法，如康熙字典是依字"形"排的，切韵、广韵是依字"音"排的，尔雅是依字"义"排的，近来都采用字"形"排列法的为多，如辞海用部首，王云五大辞典用四角号码……。）

（J）书中有无图解以助解释？如有插图，数量如何？正确否？有色彩否？（完美的字典应有插图，因字的解释，有时非用图表示是不容易明白的。）

（K）字典末尾有无补遗或附录？（如略语符号、地名人名录、文法用语表、世界大事年表、度量衡表、勘误表……等）附录与正文有什么关系？正确否？

（L）页顶和书口如何标字？书前有无检字表？书后有无索引或其他助检方法？

（M）印刷是否清晰？字体大小是否适宜？行格醒目否？

（N）式样美观否？纸张坚韧否？装钉牢固否？

我国出版的字典，以中华书局的"辞海"和商务印书馆的"辞源"二书为最著，现在简述其内容如下：

（一）辞海——徐元诰、舒新城等五十二人编，民二十五年至二十六年，中华书局出版，分上下二册，甲种圣书纸，定价二十四元，乙种道林纸本，定价二十元，丙种圣书纸十二元，丁种道林纸十元，甲乙两种版式为 21×29 cm. ；丙丁两种版式为 13×19 cm. 。此书编纂自民国五年起至二十五年止始克告成，历时二十载，编校者百余人。上册书前有检字表，有黎锦熙序文，有陆费逵编印缘起，说明这书的所以费时久远，有五大困难，即：（一）选择之难，（二）解释之难，（三）引书篇名之难，（四）校印之难，（五）标点之难。此书分量之多，是国内空前所未有的，全书单字约七八百万，辞语约十万余条，所收的范围如下：

（1）单字复辞兼收。

（2）旧籍中恒见的辞类。

（3）历史上重要的名物制度。

（4）流行较广的新辞。

（5）行文时习用的成语典故。

（6）社会上农工商各业之重要用语。

（7）行文时常用的古今地名。

（8）最重要之名人名著。

（9）科学文艺上习见习用的术语。

（10）其他有关于修学操业之所需者。

至于它的体例，是：（1）单字列切音，（2）解释字义，（3）诠释词语，（4）举例引书加注书名，（5）辞的意义，依其转变之迹分条疏释，其假借为用者次之，托名标识者又次之。（6）解释旧辞，以旧时训诂为本。（7）各条有关联者，彼此详略互见，（8）引证除原文之外，如更有待说明者，再引古人注疏或添加按语，（9）全书采用新式标点，书名人名均加线号，（10）各字之排列以部首为次。（见原书编辑大纲）

本书末尾，有下面几种附录：（1）检字表，（2）国音常用字汇，（3）韵目表，（4）中外历代大事年表，（5）中华民国行政区域表，（6）中华民国商埠表，（7）中外度量衡币制表，（8）化学元素表，（9）译名西文索引。

综上观之，可知此书有三大优点，即：（1）收罗广阔，（2）引书加注书名，（3）加新式标点符号。这是商务印书馆出版的"辞源"所不及的地方。

（二）辞源——陆尔奎等编，商务印书馆发行，有正续两编，正编民国四年十月初版，续编民国二十年十二月初版，共三册。正编定价甲种（大本）二十元，乙种（大本）二十元，丙种（四开本）十四元，丁种（六开本）七元，戊种（袖珍本）五元；续编丙种十元，丁种五元，戊种三元。

本书共收单字六百万余，辞语十万多条，将所有的通行字，新旧名辞,中外典故,一一辑录加以注释。所收辞语的科目,包罗经学、小学、文学、哲学、宗教、教育、历史、地理、法政、财政、军事、自然科学、应用科学、艺术、成语、俗语、人名、书名等,正续编共五千余面。

全书各单字的排列,也是采用部首的,书前有辞源说略、总目、检字表;书末附有最新行政区域表、世界大事表、本国商埠表、度量衡表、化学原质表等。此书正编创于前清光绪卅四年,初有编辑六人,后增至数十人,至民国初元,全稿方才略具;后来复加校订,乃于民国四年出版。续编是在正编出版后即着手编辑的,因主任陆尔奎目瞀离职,各编辑人员亦有他就,至民国廿年始克告成。这部辞典的优点,有如下六条:

(1)内容浩博,所收单字与新旧名词均多,解释简明。

(2)取材适当,凡我国成语、俗语以及文章上习用的语汇典故等,收录非常丰富。

(3)我国著名的图书书名,多有专条记载,并作提要说明。

(4)中外重要人物多有列入。

(5)编辑人员多系专家。

(6)校对精细,错字极少。

至于它的缺点,归纳言之亦有几点:

(1)引书不载篇名,使阅者无法考查原书。

(2)正续编取材,每多取唐宋以来的类书而不检对原书,因此引书发生错误的亦屡见。

(3)引例不甚繁富。

上面所谈到的是中文字典的大概,现在再叙述一些关于英文字典的常识。英国语文已是世界上最通行的语言了,我国学校教育在中学以上就有英语一科,现在每一个青年学生,在英语这门功课上,都是费了相当苦心的。

检查英文字典,目的在晓得某字的发音与意义,某字的音节、名词的多数、动词的时候变化……等。一部完备的字典,除了能够满足我们上列各点以外,同时还记载着各种知识,如:关于小说、神话、稗史上人物简短的记载,地域的记载,缩写字的意义,奇异成语的说明等。哥伦比亚大学图书馆学院教授 Mudge 氏,曾经在一本"Guide to Referene Books"书中,告诉我们怎样注意利用英文字典,意见颇为恰当,现在把它引在下面,以供参考:

(1)字典内容的时代如何(现代语或古代语的字典)?

(2)语汇:

A 语汇的范围,是否单属于单语或包括复合语?

B 是否包括特殊的元素,如俗语、方言、古语、科学或技术的用语?

(3)关于下列各词的用法:

A 拼法、动词时候用法、动词的分词用法等。

B 区分音节法和连字短划法。

C 发音如何区别?用何种音标?是否准确,是否易读?

D 字源。

E 历史——字在历史上的意义与应用,有否分别说明和加以时代划分的说明?

F 定义——所授引的定义是否清晰、正确、适当?

G 注解引证——注解是否有正确的引证?来源有否注明?有时代性的注解是否合乎编年体的期限和程序,使在历史上明白显示出来。

H 标准与用法——是否用词?有用古语与俗语否?

I 同义字与异义字。

(4)插图。

(5)缩写字——包括的范围如何?其排列的方法在普通字的中间?还是单独列成表的?

(6)在普通语汇以外,其所包括特种性质的字之范围如何?

如地理学上的名词、外国语的成语,以及人称名词等等,是否排在主字的后面抑在附录上?

我国所出版的英文字典,以商务印书馆的"综合英汉大辞典"最佳,至于国外所出版的英文字典,有几部是很出名的,现在一并介绍于下:

(一)综合英汉大辞典(A Comprehensive English – Chinese Dictionary)——黄士复与江铁主编,王云五、何崧龄与陈承泽三氏考订,其他参与编辑人员有周昌寿、郑贞文、谢六逸、顾寿白等数十人。民国十七年一月由商务印书馆初版发行,书分两册,每册又有正编与补编两部分。民廿六年一月,该馆将全书的正补编依次合并,并放大版本,出合订本第一版,民廿八年六月出合订本第六版,定价七元五角。

此书的编制,是准据 The Concise, Oxford Dictionary, Webster's Collegiate Dictionary, Funk and Wagnall's Practical Standard Dictionary 等三部字典,采取各书的长处,并参酌 The Oxford Dictionary , Webster's New International Dictionary Funk and Wagnall's New Standard Dictionary' The Century Dictionary and Cyclopedia 等几部卷帙巨繁的著名大字典补充而成的。本书在综合取舍方面,亦颇得当(参阅原书编辑大纲中的取舍标准)。全书一千五百余面,附录一百七十余面。其中单语、复合语、外来语以及地名人名各教名等的语数,总计不下十三万条,成语亦有七万四千条,例证有六万余条。所收的单语与复合语,以通用与新语为主,学术用语与俗语、俚语、方言等类,搜罗亦甚丰富;必要的古语、废语亦有收录。释义方面,颇注意于字义的用法及与其他字的关系,外来语并采用英汉合解;间有意义与用法不易明了的,另加以说明。凡常见的字或成语中,遇意义难明或用法复杂的,书中均有引例帮助解释,必要时并加以插图。关于实用上所需要的表解如原子量表、动物鸣声表、元素表、放射元素表等,都附见于各主要单字的后面

（如度量衡表附于 Weight 一字的后面），以便参阅，共计此等表解不下三十种。附录方面，有地名人名音释、教名音释、类语（同意语）及对语（反意语）、略语、中国地名表、不规则动词表等六种。书首有凡例、发音例解、文法用语表、略语表等数种。

（二）韦勃司脱大字典（Webster's New International Dictionary）——这是英文字典中最出名的一部，Merriam 公司出版，一九三四年再版。这书除了收罗普通英文字典所有的材料外，又附有外国成语的解说与发音，奇异成语的解释，著名小说的书名，缩写字的解说，教会名字的意义，圣经上人物的简述，以及普通不常用的字等。附录中的传记部分，有历史上人物的简短记载；地名字典部分，又有发音的附注。此外，还有印刷符号、分类插图等。这部字典在编制上值得注意的，就是每一面用横线分为两部分，在横线以上是常用的字；横线底下是外国成语、缩写字。解释时最旧的字义在前，以后才是新近的字义。

（三）世纪大字典（The Century Dictionary and Cyclopedia）——一九一一年美国 century 公司出版，全书共十二卷，第一卷至第十卷为字典，第十一卷是特别名辞，包括地理、传记、历史、文学、神话与艺术等名词，并附有读音法与简单的叙述。第十二卷为地图。每卷之后又有补篇，补篇内包括新字、短句、旧字的新义与扩充旧的定义。

这部字典的记载颇为详密，内容包罗许多百科全书的材料，是美国一部搜罗最宏富的权威字典。

（四）标准英文字典（Funk and wagnall's New standard Dictionary）——这是美国纽约 Funk 公司在一九一三年出版的，最适宜于检查近代科学的专门名词之用。它的唯一特点是定义照它的用处排列的，最通用的定义在前，其他字源或变化等诠释于后。关于读音方法，一是照美国全国教育会所审定的；一是照普通教科书所用的拼法的。书中有许多重要图表、各种主要词句、省略字、地名、人名等,分别集中在本部字母的后面。

（五）牛津大字典（The Oxford Dictionary）——牛津 Clarendon press 出版。这是最完备而带专门性的英文字典,亦可以说是英国学术上与工业上的纪念物。此书对于字的历史的研究最为精详,凡字形及字义的如何起源,如何发展,它的各种用法何者已废,何者尚存,新的用法之发生时代与程序等,各由其字的最初的用例与最近的用处显示它,释义精审而有系统。凡一字有数种用法的,某字与其他字有特别结合的,都分项加以说明,所以很适宜于专门学者之用。

除上述以外,英文字典方面较为著名的,国内又有商务印书馆的"英汉模范字典"（增订本）、"韦氏大学字典"（郭秉文等译）等;国外有"简明牛津字典"（The Consice Oxford Dictionary）,"实用标准字典"（Funk and Wagnall's practical standard Dictionary）,"韦氏大学字典"（Webster's Collegiate Dictionary）等。

上面已经说过,辞典是以解释一辞的意义为主的;辞典的作用,就是搜罗标识事物可名可言的词,引用某种便利的排检方法排列起来,并举出它的出处,解释它的意义,辨别它的异同,订正它的谬误,便阅者一览即能明了某一名词的真正意义。

辞典的种类,可分普通与专科两种。如"中华百科辞典"、"现代语辞典"……等,它是包括一切普通日常知识的名词加以解释的,所以称为普通性的。至于专门性的辞典,它的内容是专收某种学科方面的辞语的,如"教育大辞书"、"动物学辞典"、"哲学辞典"……等,这对于专门研究某一种学问的人帮助最多。欧美的出版界,对于这些专门性的辞书相当重视;并且还提纲挈领的介绍给读者如何去使用它。我国所出版的辞典,数量上既很有限,内容也多不及西洋辞书的完备,今把国内已经发行的辞书中,择其较善的数十种,分别作一简单的介绍于下:

（一）辞通——朱起凤编纂,上海开明书店印行,民二十三年八月初版,精装二册,定价九元。此书是编者以一个人的力量,费了三十年的工夫编纂成功的,有章炳麟、胡适之、钱玄同、刘大白、林语堂、程宗尹、夏丏尊诸氏的序文,对这部书表示一致的推崇;复有自序一篇,说明编印的经过。这部书以习见的辞为经,以较僻的辞为纬,重在因声求义。全书以四声分类,依韵排列,检查本书时如果对韵不大明了的,可翻阅书末的四角号码和笔划索引。胡适之先生说这书的最大功用,是"罗列一切连语,遍举异形的假借字,使学者因此可以得着古字同声相假借的原则,使他们因此可以养成'以声求义'的习惯。"(胡序)

(二)中华百科辞典——舒新城等编,中华书局发行,民十九年三月初版,民二十四年一月重订三版,一四五一面,又附录三百余面,定价八元,普及本五元。此书收罗政治、社会、教育、经济、文学、艺术、数学、哲学、理化、博物等科的术语一万余条,各名词的解释以通行正确者为主,现代中外名人在学术上或事业上有特殊贡献的,亦有录入。书前有凡例、总目、细目、检字表等;书后有附录十五种,如各国币制,世界各国国名及都城表,中西名词对照表等。全书以名词首字的划数排列,同划数的再依部首分,检查上颇为方便。重订本较初版增补二千多条。

(三)国际常识辞典——钟英编,上海乐华图书公司发行,民二十四年六月再版,三二八面,定价九角。是书收国际间的政治、外交条约等一切名词,加以简明的注释,排列依笔划多少为序,书前有名词索引及补遗目录。

(四)现代知识大辞典——现代知识编译社编,现代知识出版社发行,民二十六年五月初版,一四六一面,精装一册,定价四元。全书收罗新名词与术语近七千条,包括社会科学、国际知识、哲学、文艺、自然科学和普通用语等;尤以社会科学名词为多,新发生的名词占百分之三十五,外来语均附有原文,国际通用及日常应用的名词术语,并列数国文字。本书编排以笔划为序,书前有全书条目;又有分类目录,检查上颇为方便。

（五）外来语辞典——胡行之编,上海天马书店出版,民二十五年四月初版,四一二面,定价一元。中国的外来语可分三种,有自印度来的,有自欧美来的,有自日本来的。这种外来语输入中国译为中文,有意译亦有音译,读者偶阅这种名词,颇难解释。这书收外来语三千个,各加以简要的解释,并注明它的原文。

（六）抗战建国日用百科辞典——文化供应社编,桂林该社发行,民二十九年八月初版,三十年八月四版,六八六面,定价六元。此书收与抗建直接间接有关系的新名词及战时一般文化工作者日常应用的名词近四千条,依照笔划序列。每一名词的注释,系着重其来源与所代表概念的内容,而不注重于文字的本身的。书首有编例及检查法,次有笔划检字表;书末有四角号码索引、分类索引、抗战建国大事年表、中外度量衡比较表等。

（七）新哲学辞典——沈志远编,北平笔耕堂书店发行,民二十二年九月初版,二九二面。全书收哲学名词三百五十余条,依笔划次序排列。本书释义方面颇为详尽,译名并附有原文;末有中外名词索引与英汉索引。

（八）实用佛学辞典——佛学书局编辑部编,上海该局发行,民二十三年七月初版,定价一元。本书是以日人织田能得的"佛教大辞典"为蓝本,并以翻译名义集,一切经音义,三藏法数,教乘法数及丁福保氏编的"佛学大辞典"等书为参考汇编而成的。名词以笔划多寡序列,注解所引用的经典,均注出原书卷帙,颇便于考览。书前有检字表及目录。

（九）社会科学大辞典——高希圣等四人编,上海世界书局民十八年六月初版,民二十三年二月四版,九九五面,定价四元。此书收罗经济、政治、法制、社会、宗教、哲学等及社会科学有关的词一千七百余条,依笔划多少为次,译语附有西文原名。书首有英文索引,附录有社会科学传略,世界社会科学名著介绍。

（一〇）社会科学辞典——简贯三编,北平著者书店发行,民二十二年初版,袖珍平装三一四面,定价六角五分。全书名词按首字笔划字顺,首有中文索引,中西名辞对照索引;书末附录有:重要纪念日起源及纪念办法表,中国重要社会科学书籍杂志目录。

（一一）法律政治经济大辞典——余正东等编,上海长城书局发行,民二十一年十二月初版,九五〇面。本书收名词八千余条,卷首有总目次,分目次;书后有补遗及现行法令一览表,勘误表等。

（一二）政治法律大辞典——高希圣与郭真编,世界书局民国廿三年初版,精装四六九面,定价二元五角。全书名词依笔划多寡排列,首有笔划目次,末有西文索引。

（一三）外交大辞典——外交学会编,中华书局发行,民二十六年初版。

（一四）经济学辞典——周宪文主编,中华书局发行,民二十六年六月初版,一三一九面,定价四元。全书正文一百五十万字,收录名词六千多条。书中对于经济学固有的名词解释较详;对于经济学有关的名词说明较略。所收的名词包括经济、财政、货币、金融、工业、农业、商业、交通、社会政策等,此外与经济学有关的政治学、法律学、社会学、哲学等科学最通行的名词,亦择要收入。本书编排以名词首字笔划多少为准,笔划相同的用部首定先后。卷首有目录,排印颇为醒目;各名词皆附有各国原名,必要时又注出拉丁文或希腊文;书末附录世界各国货币一览表,各国度量衡制和中国标准比较表,中国现行重要经济法令十九种及中西名词索引。

（一五）法律大辞书——郑竞毅与彭时编,商务印书馆民二十五年一月初版,二十九年三月四版,上下两册,附补编一册,共价十元。这书对于古今中外法律学的名词为检查上所需要的,悉为甄录,所收名词合计一万六千余条,各条名词之下,又注明类别字样。所引西文法律术语,皆用我国法律学上标准名词译出,更附以西文原名以资参考。全书用笔划序列,首有凡例、目录,正文之外,附有四角号码索引和西文索引。第三册补编为法律文件表式七种及世界法家人名录。

（一六）教育大辞书——朱经农等编，民十九年七月商务印书馆初版，定价十五元，二十二年五月缩本初版，定价八元。本书的编辑目的有下六点：（1）节述各种教育学说，（2）整理教育上所用各种术语，使有统一的解释和正确的意义，（3）提示本国各种教育法令的要点，（4）介绍西洋教育名著，（5）记述中外教育制度的概要和重要教育机关的组织，（6）摘取中外教育学者生平的经历及其主张。这书在体裁方面，是参酌英国瓦特孙（F. Watson）、美国孟罗（P. Monrce）、法国毕维松（F. Buisson。）、德国莱因（W. Rein）及日本同文馆等教育辞书之例，并参考新万国百科全书，大英百科全书和阿美利加百科全书编成的，其收录范围很广，包罗教育原理、教育史、教学法、教育制度、教育行政、教育心理学、教育统计、著名教育学术机关团体以及与教育有关的科学（哲学、论理学、伦理学、美学、社会学、生物学、人类学）等。书中各名词的解释颇为明括，较专门性的条目，都由专家分别撰述，俨然如一有组织的专篇，篇末并有执笔者的名字，颇具外国百科全书的特点。全书依笔划排列，首有总目，末附四角号码及西文索引。担任是书编辑者，除主干朱经农、唐钺与高觉敷三氏外，常任编辑有沈百英等十四人，特约编辑有蔡元培等七十五人，先后历时六载始克告成。书中对于本国教育资料格外丰富，尤宜于研究教育史者的参考。目前我国的教育辞书，当以此为最完备了。

（一七）军用辞典——王保民编，武汉印书馆发行，民二十年五月初版，一五五面，定价二元。本书搜集陆海空军各种学术名词四千五百余条，共有十五万言，凡关于军制、作战、兵器射击、地形、筑城、交通、航空、海军、技术等学科术语，以及古今兵家用语，都有搜集，分别予以简要的解释。全书编排以笔划多寡为准，末附索引表。

（一八）文字学名词诠释——叶长青编，上海群众图书公司发行，民国十六年四月出一版，二二四面，定价七角。是书收罗我国文字学名词约五百条加以诠释，全书依名词笔划多少排列，间附有插图，末附有徐昂的声纽通转。

（一九）自然科学辞典——郑贞文等编，上海华通书局发行，民二十三年六月初版，一四四〇面，定价四元。本书收名词八千多条，约一百六十万言，内容包括物理学、化学、动物学、植物学、矿物学、天文学、地文学、生理卫生学等八类，各类皆由专家担任编辑。此书排列取首字笔划为次，名词皆附注西文；凡重要名词并添以插图。书末有附录十八种：(1)常用对数表，(2)三角函数表，(3)度量衡表，(4)单位换算表，(5)物理学单位汇录，(6)物质比重表，(7)饱和水蒸气之压力表，(8)物质之屈折率表，(9)电池之电动力及内抵抗表，(10)电磁波之种类表，(11)化学元素表，(12)放射性元素表，(13)有机化学命名原则，(14)重要合金成分表，(15)矿物分类表，(16)地质系统及年代对记表，(17)植物分类表，(18)动力分类表，又有中文分类索引与西文索引。

（二〇）数学辞典——倪德基等编，陈润泉等增订，中华书局民十四年初版，民廿四年一月增订四版，六二八面，定价二元五角。本书取材于日人长泽龟之助的数学辞书及中外重要数学书二十余种而成，关于初等数学方面的材料较多，辞语依笔划多少排次，各辞之下，先注西名，次注类别，再予以解释，有插图三百余幅。书末有附录六种：(1)数学之诸法则及定理，(2)数学之诸公式及表，(3)数学家事略(中国数学家百余人；外国数学家三百余人)，(4)英汉名词对照表，(5)数学用略字，(6)数学用符号。

（二一）代数学辞典——薛德炯与吴戴耀译，原著者为日人长泽龟之助，新亚书店民廿四年六月初版，九五一面，另有索引一册，三二九面，定价五元五角。此书以题解为中心，内容分：(1)公式，(2)解法之部，(3)名词之部，(4)代数小史之部。名词之部先列中

100

文,依笔划为序,次列英文原名,次再加以解释。此书解法部分占全编十分之七,严格言之,实与辞典的通常体裁未合,似乎与类书的性质相近了。书末附有英汉名词对照表。

（二二）几何学辞典——译者与原著者和上书同,民二十四年四月新亚书店出版,五四二面,定价四元。全书分解法与名词两部分,编制与前书同,也是以题解为中心的,书前录有几何公理,书末有英汉名词对照表,另附索引一册。

（二三）续几何学辞典——著者、译者与前书同,民二十五年四月新亚书店出版,五三六面,定价四元。本书亦以题解为中心的,全书分六门:(1)立体几何学解法之部,(2)平面几何学补遗之部,(3)近世几何学解法之部,(4)常用曲线解法之部,(5)名词之部,并附录英汉名词对照表,(6)几何学小史之部。书末附录直角三角形表、斜三角形表、记号及略语;书首有细目及几何学公式集,另附索引一小册,可以帮助检索之用。

（二四）三角法辞典——原著者与译者同前,民二十四年十一月新亚书店初版,九〇九面,定价五元。本书以题解为中心,内容分:(1)平面三角法解法之部,(2)球面三角法解法之部,(3)名词之部,(4)三角法小史。全书有插图四百六十余幅,末附英汉名词对照表,另有单印索引一册。

（二五）理化辞典——杨立奎等六人编,民国九年中华书局初版,民廿九年五月十八版,三二四面,定价二元四角。全书有理化名词一千六百余条,除加以精要解析外,并附插图约两百幅,每词各有英文原名,依首字笔划序列,书末有化学计算法,各种重要的关系表及英汉名词对照表等附录。

（二六）化学辞典——魏喦寿等编,上海中国图书公司发行,民二十二年五月出版,二八〇面,平装定价一元八角。本书以英语化学名词为首,按字母顺序编排,次附汉文和德语;辞语除说明外,并列入分子式和构造式。书末有汉名检索表,德英对照表与法英对照表。

（二七）地质矿物学大辞典——杜其堡编，商务印书馆民国十九年十一月初版一一四五面，定价八元。此书包括地质学、矿物学、岩石学、结晶学、化石学、地文学等名词术语、学说、学者传略等。每一条目均注有英德文，间或加以插图，编排依笔划数目多少为序。书前有检字表、著名地质学家肖像、玉和宝石的彩图、干涉圈的彩图等；书末有英汉对照名词索引和德汉对照名词索引。

（二八）植物学大辞典——杜亚泉等编，民二十二年六月商务印书馆出版，精装一五九○面，定价四元。本书收罗植物学名词及术语两种，名称之下附有腊丁文学名和日本用假名联缀的普通名。术语下面附有英德文，重要植物除注释外都有插图。全书以笔划次序排列，末附中西文索引和日本假名索引。

（二九）动物学大辞典——杜亚泉等编，商务印书馆发行，民二十二年六月初版，缩本二六三五面，定价七元。是书专收动物名称与术语，书首有动物界的概略，动物学分类上的条目，动物术语图解一斑，动物命名法的略说，地质系统及年代对照表，近世动物种类的比例略图，各地固有动物图，动物公布图，山魈、蜂鸟、避役、角蛙、翻车鱼、保护色、拟态、共栖等八种彩图及著名的动物学家肖像；书末有拾遗、中文检字索引、西文索引、日本假名索引。全书依笔划多寡排列，每条均附注英德文、拉丁文和日文，并有若干插图。

（三○）中华药典——卫生部编，南京内政部卫生部发行，民廿年八月初版，一一一八面，定价十元。此书所载各药品，以英式拉丁字母为顺序，每种药品先记本国名，次记英式拉丁名与它的缩写，再次又记德式拉丁名。解说分：（1）药品的来源，（2）标准含量，（3）制法，（4）性状，（5）鉴别，（6）检查法，（7）含量测定或生理测验，（8）贮藏法，（9）制剂，（10）剂量。书末附录有：（1）试药试液标示药定规液，（2）常备药表，（3）毒药表，（4）剧药表，（5）剂量表，（6）原子量表，（7）别名表，（8）比重表，（9）中名索引，（10）拉

102

丁名索引,(11)追加英德别名表,(12)刊误表。

(三一)中国医学大辞典——谢观编,民十年七月商务印书馆初版,民二十年一月六版,二册,定价二十元。全书收有中国医书所载名词约七万条,共分病名、药品、方名、身体、医家、医书、医学七大类。病名类述致病的起源和治疗的方法。药品类述药品的形态与功用。医家类述历代医学家的生平事迹。医书类收中日文医书二千余种,分别予以提要。全书编排依首字的笔划多寡为序。

(三二)标准药性大辞典——潘杏初编,上海医学研究会发行,民二十四年初版,二十五年三版,四八八面,精装定价三元。全书采集药名二千条,分植物、矿物、动物、自然、物用五大类,同类之中依药名笔划排比,各条分述其别名、产地、科属、形态、性味、功效、处方、用法、用量、禁忌及反药等项。此外复有附注、附录与编者说明之栏。书首有分类目次和药物标本图影四百种,书末有用药、办药、煎药及服药等方法。

(三三)中国药学大辞典——中国医药研究社编,民二十四年四月世界书局初版,同年五版,精装三册,定价二十元。本书搜罗古今药学、医学、植物学、矿物学、动物学与化学等有关于中国药学的材料,以科学方法分条纂述。各条药品的记载非常详尽,包括命名的意义、处方用名、古籍列名、外国名词或原名学名、基本产地、形态、种植、性质、成分、效能、主治、历代记述考证、辨伪、近人学说、外国学说、配合应用、用量、施用宜忌参考资料等项目。全书各条排列依笔划多少为序,书末有编辑后记,补载此书在排印时期所收的新材料,又附有检图索引与参考书目。第三册是中国药物标本图影。

(三四)中华新药物学大辞典——吴卫尔编,天津中华科学社发行,民二十三年二版,五四四面,定价八元。全书收药物一千四百多条,每条先别科属,次注拉丁名,次述其产地、生活状况、栽培方法、功效与用量,再次举其学说和别称。书前有目录;书后有引用书目、新医病名解释表、最新药物配剂和制剂方的解释、药物性质分类索引等附录。

（三五）实业商业大辞典——陈稼轩编，民二十四年十月商务印书馆出版，一一八面，定价三元。本书收中外古今商业名词约一万条，内容包括商品、货币、票据、度量衡、簿记、会计、商业文件、商业算术、民法与工商法规、国际公法广告、经济财政、统计、关税、银行、保险、海运、铁道业、工业、农业、渔业等，记载详备。书前有总目，附录有商人通例、公司法、票据法、印花税法、各国货币一览……等十余种，末有四角号码索引、英汉索引、商用略语辞汇等。

（三六）无线电辞典——范凤源与陈毓武合编，上海建华电机材料公司发行，民二十三年初版，袖珍本三四二面，定价二元。全书名词依西文字顺排比，并加以法汉译名和解释，间或附列图表。书的末尾附有"国际协定无线电报号码"和"核计无线电机用的实用公式"两编。

（三七）中国画家人名大辞典——孙醴公编，上海神州国光社发行，民二十三年八月初版，七五二面，定价四元。是书参考史、传、地志和画史、画谱、画记等图籍，搜集自远古至近代的中国画家，一一著录其姓名、时代、里居、字号、画论、琐闻遗事等，依照姓氏的笔划多寡排比。

（三八）音乐辞典——刘诚甫编，民国二十四年十二月商务印书馆初版，四四七面，定价二元。本书搜集古今中外乐谱上的名词四千九百余条，每条考其来历详予注释；必要时并附以插图。书前有目录六十余面，书末有四角号码索引五十余面，乐表十余幅。

（三九）电影术语辞典——洪深编，上海天马书店发行，民二十四年三月初版，三二〇面，定价一元二角。这书收集电影方面的重要术语，分别加以简释，末有中西文索引。

（四〇）开明文学辞典——章克标等十余人编，开明书店民二十一年六月初版，八七三面，定价二元五角。此书以收罗文学辞类

104

以及有关文学的用语为主,重要文学家及作品亦有大略纪载。名词以西文字母为序,书末有中文索引,分国索引,分类索引,人名索引等。

(四一)文艺辞典——孙俍工编,上海民智书局发行,正编民十七年十月出版,续编于民二十年二月出版,精装两册,定价十二元。本书正编专载外国文艺;续编专载中国文艺,内容包括文学、绘画、雕刻、建筑、工艺美术、装饰、音乐、作品梗概、人名等。续编书末有中国文艺年表,自黄帝时起至民十八年止的中国文艺界大事,都已揭载,颇便于研究中国文艺史者的参考。

(四二)文学术语辞典——戴叔清编,上海文艺书局发行,民二十二年八月出版,一八一面,定价五角。这书收集文艺方面的术语,以中文笔划编排。

(四三)中外文学家辞典——顾凤城编,上海乐华图书公司印行,民二十一年出版,二十二年再版,平装一元。此书收中外文学家四百四十六人,中国占二百七十人。

(四四)中外文学名著辞典——周梦蝶编,民二十年上海乐华图书公司出版,二十二年再版,四〇七面,精装定价一元七角。本书将国外国内的重要文学著作,分东方、中国、意、英、美、俄等十二类,一一加以记述,其中大部分是小说。

(四五)文学家人名辞典——戴叔清编,上海文艺书局发行,民二十年十月出版,定价五角。本书收罗各国文学家,介绍他们的生平略历与作品,惟中国作家都未有收入。书前有中文索引,国别分类索引,英文索引。

(四六)中国文学家大辞典——谭正璧编,民二十三年上海光明书局初版发行,精装一七四六面,定价七元。此书收中国文学家六千八百余人,编排以各人的生年或年代的先后为次序的;除注出各人字号、籍贯、生卒年代、性情、事迹及著作外,其他如名言隽语,亦酌量录入。书末有笔划索引。

（四七）中国人名大辞典——陆尔奎等二十余人编，商务印书馆发行，民国十年六月初版，民二十四年十版，一九三七面，定价八元。本书收中国人名自上古起至清末止约四万余，凡经史志乘，私家撰著，金石文字中所载的人物，无论忠义奸恶，都有著录；其他经史上所未载而以著述书画名家，或以工商卜医及各种艺术问世而有轶事流传的，亦有收录。至于清代人物，因清史编修未竣和各县新修县志还没有完成的关系，本书未能尽量收入。全书依姓氏笔划次数排比，书末有姓氏考略，异名表和中国历代纪元表等三种附录。这书的最大缺点，就是引用材料与剪裁史志都未载原书名字和卷数；同时因所收人物过多，采用笔划编排颇不便于翻检。关于这一点，该馆曾经于民国二十五年四月出版此书索引一册，将所有人物依四角号码重予排比，以资补救本书的缺陷。

（四八）古今同姓名大辞典——彭作桢编，民二十五年三月，北平好望书店出版，一二四〇面，定价四元四角。是书系根据梁孝元帝的"古今同姓名录"、余寅的"同姓名录"、陈棻的"同姓名谱"、刘长华的"历代同姓名录"、汪辉祖的"九史同姓名略"等五书及其他有关书编录而成的，共收五万六千七百人，自上古起至民国止，依姓氏的笔划编排。书中各条除著录籍贯、字号和简历外，并注明所用材料的出处。

（四九）当代中国人名录——樊荫南编，良友图书公司发行，民二十年八月初版，民二十四年一月三版，四六〇面，定价二元五角。此书将中国近代党政学商各界名人四千多人，分姓名、别号、年岁、籍贯、出身、历任职务、著作等项，作一简要的记载，排列次序是依姓名笔划为先后的。

（五〇）思想家大辞典——潘念之与张采苹编，民廿三年七月世界书局初版，九八九面，定价三元。此书搜罗古今中外思想家三千余人，依姓氏笔划排列，每人记述其平生行事、学说主张以及重要著作等。书首有检字表，末附中文和西文人名索引。

（五一）现代外国人名大辞典——唐敬杲主编,商务印书馆发行,民二十二年九月出版,一一〇一面,定价四元。本书搜集现代世界人名五千余人,依西文字母排列,每人记述他的行事、学术和著作;日本人和俄国人的姓名,均译成罗马字母编入。书首有叙例,说明编纂的恉趣、采择的范围、体裁、编制;末有分类索引,汉文译名四角号码索引,六十年来外国大事年表等附录。

（五二）地学辞书——王益厓编,中华书局发行,民十九年十二月出版,五三六面,定价三元五角。本书收地学和有关的常见术语一千三百七十余条,每辞加以详细的说明,并间附插图。全书排列是以英文字母为序的,书后有汉文索引。

（五三）中外古今地名大辞典——臧励龢等八人编,民二十年五月商务印书馆出版,定价八元。是书录古今地名约四万余,所有省府郡县镇保山川以及名城要塞、铁路商港等名称,均已尽量收录,搜集颇富。全书依地名笔划繁简排列,正文一四一〇面,附录有行政区域表、全国铁路表、全国商埠表、各县异名表和勘误表等。

（五四）世界人名大辞典——潘念之与金溟若编,民廿五年十二月世界书局初版,二〇五二面,定价二元八角。此书所收的名人包括古今世界上的学术思想家、科学发明书家、宗教家、政治家、军事家、艺术家、事业家等,仅中国人物没有收入在内。全书依拉丁文字母为排列的标准,其他如俄文、印度文、日文,都改为拉丁文拼音编入。每人以姓氏为主,其他别名、笔名、中译名列于每项目的下面,然后再注明生卒年月和简单的叙述。书前有检查须知;书后有人名对照表、世界各国元首在位表和中文索引。

（五五）中外地名辞典——丁詧盦与葛绥成编,中华书局民十三年七月初版,五七六面,定价二元五角。这书收集中外现今地名,予以简明的注释,凡历史上的古国古郡县名,一概不录。全书依笔划排,书末附录英华地名对照表、中国重要地名（英译）表等。此书出版虽早,仍不失于治地理学者的重要参考书。

（五六）丛书大辞典——杨家骆编，民二十五年七月南京辞典馆出版，二册，定价二十元（先出上册）。本书收丛书六千种，凡丛书总名、编校者姓名以及丛书的子目，子目撰著者姓名，均各立一条，依四角号码排列，另附笔划部首索引。书前有序例，详述丛书的历史，丛书目录史与丛书大辞典的编刊经过。

（五七）中国历史小辞典——周木斋编，上海新生命书局发行，民二十三年初版，平装一四四面，定价五角。是书内容包括中国历史上的国名、朝代名、种族名、官爵名、制度名、史部名著、重大事件及专门术语等，共计六百三十条，依首字笔划顺序，加以简明的注释或附以图表。书首有笔划索引。

第九章　类书与百科全书

类书是撷拾群书,以类相从,以便于检阅的工具书。百科全书(Encyclopedia)是包罗各种智识,分门别类,依着一定的次序排比,以便参考的工具书。百科全书和类书,性质其实是相同的,不过在编纂的方法上稍有差异罢了。百科全书的执笔者大多是专门学者,书中的每篇论文或条目,都是新颖而有系统的创作,它是把每一事物的源源本本,作一简明精要的叙述,使读者对某问题得到全般的概念。类书只是搜集前人已成的材料,加以编辑排比,供给读者考查旧事物和掌故之用。由此可见两者的区别,只是材料上的"新"与"旧"的不同而已。

我国关于类书的出版,历史已很久远,魏文帝"皇览"一书,就是我国最早的一部类书(延康元年即西历二二〇年开始纂辑),可惜现在已经散佚了。后来到了南北朝时,又有"华林遍略"、"修文御览"(以上两书均已佚)等书。此外如唐朝的"艺文类聚"、"北堂书钞"、"白孔六帖"、"初学记"……,宋代的"太平御览"、"事物纪原"、"册府元龟"、"玉海"、"山堂考索"、"事文类聚"……,明时的"永乐大典"(编后未刊,今已散佚)、"唐类函"、"天中记"、"山堂肆考"、"潜榷类书"……,清朝的"古今图书集成"、"壹事纪始"、"格致镜源"、"渊鉴类函"、"骈字类编"、"分类字锦"、"子史精华"、"佩文韵府"、"韵府拾遗"……等,流传甚多。类书的用途有三:一、是供检查事物的掌故事实用的,其编制是在某条题目下面,采集各种和本题有关的纪载依次排列,使读者能得着关于这事的不同的记录,如"太平御览"、"玉海"、"古今图书集成"等是。二、是用以检查文章词藻的,它的编制是在某条下面,辑录各种书内关于某事或某字的优美辞句,以供作文时的采择与引用,其性质与现代的作文辞典有些相似的,如"佩文韵府"、"骈字类编"即属于这一类。三、是供辑佚之用。因类书中多存有已经散佚的旧籍,而且订正古书传本舛伪的地方也很多,明代以前的类书,大抵都有这项功用;唐宋人所编的类书如"北堂书钞"、"太平御览"等尤为显著。

类书在编排方面,有两种不同的方式:一种是依分类排比的,如分天文、时令、舆地、帝王、职官、刑法、婚礼,……等若干类。"古今图书集成"、"太平御览"等就是依分类编排的。另一种是将各种事物名词按照韵目排列,如"佩文韵府"、"永乐大典"等,即属于这一类。我国古时的人对韵是很熟习的,所以因韵以统字,因字以系事会感到非常方便。现在我们如果对韵是不十分熟知的,那末在利用这种工具书的时候,就要先检附有韵目的字典了。

关于类书的鉴别,这里举出几个注意点来以供参考:

(1)著作或编辑人的学识、经验和襄助人的声望。

(2)审察该书编纂的目的是重在考证的,还是着重于词藻的。

(3)全书的范围是普通性的或者专门性的,其所收材料的起讫时期。

(4)该书的体裁如何?罗列各书原文究竟是整段的记载,抑或摘录单字只句?引书是不是详注出处?

(5)排列方法便于使用否?

(6)有没有其他附录?

(7)编纂者的态度公平吗?

(8)前人著作有否经后人增删?

(9)该书有几种版本?哪一种版本最佳?

现在把我国几部重要类书,依其性质分三类介绍如下:

第一类:检查事物掌故事实的类书

(一)艺文类聚——一百卷,唐欧阳询等奉敕撰。全书共分四十八类,每类再分细目。四库总目提要说:"是书比类相从,事居于前,文列于后,俾览者易为功;作者资其用,于诸类书中体例最善。"又云:"隋以前遗文秘籍,迄今十九不存,得此一书,尚略资考证。"可见此书兼有辑佚之用。今将其类目录下,以见内容大概:

天部	山部
岁时部	水部
地部	符命
州部	帝王部
郡部	后妃部
储宫都	仪饰部
人部	服饰部
礼部	舟车部
乐部	食物部
职官部	杂器物部
封爵部	巧艺部
政治部	方术部
刑法部	内典部
杂文部	灵异部
武部	火部
军器部	药部
居处部	香部
产业部	草部
衣冠部	宝玉部
百谷部	兽部
布帛部	鳞介部

果部	虫豸部
木部	祥瑞部
鸟部	灾异部

本书有明嘉靖六年胡缵宗刊小字本，此本甚佳。又有万历十五年王元贞刊大字本，此本最坏。又有明兰雪堂活字本，亦佳，明闻诠刊本，次之。

（二）北堂书钞——一百六十卷，唐虞世南撰，有清孔广陶校注，光绪十四年南海孔氏刊本，二十册。本书共分十九部，部下另有细目。四库全书总目提要载："北堂者，秘书省之后堂，此书盖世南在隋为秘书郎时所作，刘禹锡嘉话录曰：'虞公之于秘书，于省后堂集群书中事可为之用者，号为北堂书钞。'……"今将总目列举于下：

帝王部	刑法部
后妃部	封爵部
政术部	设官部
礼仪部	舟部
艺文部	车部
乐部	酒食部
武功部	天部
衣冠部	岁时部
仪饰部	地部
服饰部	

此书本有嘉禾旧本（钱曾读书敏求记）与大唐类要本（朱彝尊曝书亭集），均已散佚。又有严可均校明初写本五十五卷及四录堂本，亦罕见。通行的是明万历间万历常熟陈禹谟增删补刊本，其中增加各条皆注明补字，虽失旧观，大略可见其原书。

（三）初学记——三十卷，唐开元十三年徐坚等奉敕撰。本书共分廿三部，三百十三子目，四库总目提要云："大致与诸类书相同,其例前为叙事,次为事对,末为诗文。其叙事虽杂取群书,而次第若相连属,与他类书独殊;其所采摭,皆隋以前古书,而去取谨严,多可应用,在唐人类书中精则胜之,若北堂书钞及六帖,则出此书下远矣。"可见其价值之大。今录其二十三部总目如下:

天部	武部
岁时部	道释部
地部	居处部
州郡部	器用部
帝王部	服食部
中宫部	宝器部
职官部	花草部
礼部	果木部
乐部	兽部
人部	鸟部
政理部	鳞介虫部
文部	

此书有清光绪七年广州孔氏三十有三万卷堂刊古香斋袖珍十种本,十二册,民国商务涵芬楼印说郛本,另有嘉靖十年无锡安国桂坡馆仿宋刊本、嘉靖十三年晋府刊本,均甚佳。又有明万历中陈大科刊本,明万历十五年徐守铭重刊安国本,嘉靖二十三年沈王刊本,明晋陵杨氏九洲书屋刊本(重刊安国本)、明西河沈宗培刊巾箱本。

(四)太平御览——一千卷,宋李昉等奉敕撰,商务印书馆有影宋刊本,民二十四年十二月初版,一百三十六册,定价八十元。本书是宋代一部大类书,所引的经史图籍有一千六百九十种,十之七八今已不传,故在考订方面应用极大。此书于宋太宗太平兴国二年(九七七年)开始纂修,初名太平类编;阅六年,书成,改为今名。宋敏求春明退朝录说此书告成以后,太宗日览三卷,一年工夫

将书读完,所以赐名为"太平御览"。全书内容分下列五十五类:

天部
时序部　　　　　皇亲部
地部　　　　　　州郡部
皇王部　　　　　居处部
偏霸部　　　　　封建部
职官部　　　　　服章部
兵部　　　　　　服用部
人事部　　　　　方术部
逸民部　　　　　疾病部
宗亲部　　　　　工艺部
仪礼部　　　　　器物部
乐部　　　　　　杂物部
文部　　　　　　舟部
学部　　　　　　车部
治道部　　　　　奉使部
刑法部　　　　　四夷部
释部　　　　　　珍宝部
道部　　　　　　布帛部
仪式部　　　　　资产部
百谷部　　　　　虫豸部
饮食部　　　　　竹部
火部　　　　　　菜部
休征部　　　　　药部
咎征部　　　　　鳞介部
神鬼部　　　　　木部
妖异部　　　　　果部
兽部　　　　　　香部

羽族部　　　　　　　　百卉部

本书有刊本多种,有明万历元年黄正色活字板本,有明万历二年周堂活字本,有嘉庆九年常熟张若云据何氏本,嘉庆十二年歙鲍崇城据阮氏本。中以鲍氏刻本最通行。

（五）册府元龟——一千卷,宋王钦若、杨亿等奉敕撰,有明崇祯黄国琦校刊本,二百册。这也是宋代一部著名的类书,四库总目提要云:"宋真宗景德二年(一〇〇五年),诏编修历代君臣事迹,以钦若提总,同修者十五人,至祥符六年(一〇一三年)书成,赐名制序。其书分三十一部,部有总序,又子目一千一百四门,门有小序,皆撰自李维等六人,而窜定于杨亿。又命孙奭为之音释。其间义例,多出真宗亲定,惟取六经子史,不录小说,于悖逆非礼之事,亦多所刊削,裁断极为精审。"今将它的类目附录如下:

帝王部

闰位部　　　　　　　　邦计部

僭伪部　　　　　　　　宪官部

列国君部　　　　　　　谏诤部

储宫部　　　　　　　　词臣部

宗室部　　　　　　　　国史部

外戚部　　　　　　　　掌礼部

宰辅部　　　　　　　　学校部

将帅部　　　　　　　　铨选部

台省部　　　　　　　　贡举部

奉使部　　　　　　　　陪臣部

内臣部　　　　　　　　总录部

牧守部　　　　　　　　外臣部

令长部

宫臣部

幕府部

此书另有明崇祯李嗣京刻本,清康熙二十年黄九锡五绣堂刻本。

(六)锦绣万花谷——前集四十卷,后集四十卷,续集四十卷。是书为宋孝宗时人所编(自序题淳熙十五年十月一日),未著撰人姓氏。前集分天道、天时、地道……等二百四十二类,后集分人伦、娼妓、奴隶……等三百二十六类,续集分居处、香茶……等四十七类。四库总目提要谓:"所录大抵琐屑丛碎,参错失伦;特其中久经散佚之书,如职林郡阁雅谈雅言系述、云林异景记之类,颇赖此以存崖略。又每类后用艺文类聚例,附录诗篇,亦颇多逸章胜什,为他本所不载,略其烦芜,撷其精粹,未尝不足为考证之资也。"足见这书的价值,还在乎考证方面。张之洞书目答问中亦说"此书与合璧事类一书,虽未大雅,取其多存旧书,及宋人轶事遗文。"

(七)山堂考索——本书又名"群书考索",前集六十六卷,后集六十五卷,续集五十六卷,别集廿五卷,都二百十二卷,宋章俊卿(如愚)撰。四库总目提要略载:"自宋南渡以后,通儒尊性命而薄事功,文士尚议论而鲜考证,如愚是编,独以考索为名,言必有征,事必有据,博采诸家,而折衷以己意,不但淹通掌故,亦颇以经世为心。大致网罗繁富,考据亦多所心得,在宋人著述中,较通考虽体例稍杂,而优于释经;较玉海虽博赡不及,而详于时政,较黄氏日抄,则条目独明;较吕氏制度详说,则源流为备。"这书的优点,由上面几句话中已大略可见了。

此书有四集,前集分十三类,后集分七类,续集分十五类,别集分十一类。有明正德慎独斋刻本,六十四册,又有元延祐中圆沙书院刊本。

(八)古今合璧事类备要——本书成于朱理宗宝祐五年(一二五七年),前集六十九卷,后集八十一卷,续集五十六卷,宋谢维新撰。又别集九十四卷,外集六十六卷,宋虞载撰。前集分天文、地理、岁时、气候、占候、时令……等四十门,有子目四百九十一条。

116

后集分君道、臣道、三公、三少、道揆、执政……等四十八门,有子目四百十六条。续集目录分姓氏、氏族、名称、名字、称呼、讳忌……等,计分六门,子目五百七十条。别集目录分都邑、城守、桥道、关津、乡井、宫室……等,计分六门,子目四百一十条。外集分十六门,有子目四百三十条。每目前为事类,后为诗集,采掇颇为详悉。四库总目提要云:"一、虽不及太平御览、册府元龟诸书,皆根柢古籍,元元本本,而所采究,皆宋以前书,多今日所未见。宋代官制,至于冗杂,宋史不过仅存其名,当时诗文所称,今多有不知为何官者,惟此书后集,条列官职,尤可资考证。"

本书有明弘治十一年锡山华氏刊本,嘉靖三十五年衢州夏氏刊本。

(九)玉海——二百卷,附词学指南四卷,宋王应麟撰,有浙江宦书局新刊本,后附校勘记,凡一百二十册。四库总目提要言:"宋自绍圣置宏词科,大观改词学兼茂科,至绍兴而定为博学宏词之名,重立试格,于是南宋一代通儒硕学,多由是出,最号得人;而应麟尤为博洽,其作是书,即为词科应用而设,故胪列条目,率钜典鸿章,其采录故实,亦皆吉祥善事,与他类书体例迥殊。然所引经史子集,百家传记,无不赅具,而宋一代之掌故,率本诸实录、国史、日历,尤多后来史志所未详。其贯串奥博,宋唐诸大类书,未有过之者。"此书共分廿一类,其类目如下:

天文	律历
地理	学校
帝学	选举
圣文	官制
艺文	兵制
诏令	朝贡
礼仪	宫室
车服	仓货

器用　　　　　　　兵捷
郊祀　　　　　　　祥瑞
音乐

本书刊本，又有元刊本，明正德以来修补本，嘉庆十一年康基田校江宁藩库刻本，校勘很精。

（一〇）永乐大典——这是明代一部最宏大的类书。永乐元年（一四〇三年）七月，成祖谕翰林院侍读学士解缙等说："天下古今事务，散载诸书，篇帙浩穰，不易检阅，朕欲悉采各书所载事务类聚之，而统之以韵，庶几考索之便，如探囊取物。尔尝观韵府、回溪二书，事虽有统，而采摘不广，记载太略，尔等其如朕意，凡书契以来，经史子集，百家之书，以至天文、地志、阴阳、医卜、僧道、技艺之言，备辑为一书，毋厌浩繁。"解缙等奉命纂辑后，于二年十一月成书，定名为"文献大成"。后来成祖认此书未臻完善，复下谕重修，除旧有人员外，又敕太子少保姚广孝、刑部侍郎刘篪协同辅助解缙监修，并以翰林学士王景、侍读学士王达、国子祭酒胡俨、司经局洗马杨溥、儒士陈济等五人为总裁；以下又设副总裁二十人。此外参与纂辑人员有二千一百六十九人，至永乐五年十一月书成，赐名为"永乐大典"。成祖并亲制序文，文中有云："因韵以求字；因字以考事，自源徂流，如射中鹄。"

此书的卷册数，明清人记载各有不同，据成祖序文中称，为二万二千九百二十七卷，据江阴缪荃孙所考，为二万二千八百七十七卷，凡例目录六十卷（四库简明目录标注所载的卷册数与此同），共一万二千册。其书每册高一尺六寸，阔九寸五分，用至粗黄绢连脑包过，硬面、宣纸、朱丝栏，每叶八行，行大十五字，小三十字。这书因篇帙过多，当时未有刊本，仅有抄本一份初贮于北京文楼，到了世宗嘉靖时，选礼部儒士程道南等重录副本两份，由张居正校理，至隆庆改元时抄校始毕，以原本存南京，正本存文渊阁，副本存皇史宬。明中叶时，南京原本尽毁于火，正本亦缺了二千余卷。清世祖顺治年间,又将正本移存于乾清宫,副本移存于翰林院。嘉庆二年(一七九七),乾清宫失火,正本又焚毁;副本后来经庚子之难,逐渐遗失,庚子乱后仅存三百多册。辛亥革命以后又有散失。今存国立北平图书馆的副本,仅有八十五册,又摄影者三十九册,影摄者二十九册,合共有一百五十三册;而全世界现在所流传的,也不过两百八十多册而已(据袁同礼永乐大典现存卷目表)。后来清朝康熙纂的"古今图书集成"和乾隆朝的"四库全书",都有采取永乐大典本。

(一一)天中记——六十卷,明陈耀文编,有光绪四年重刊本,六十册。明刻本作五十卷,罕见。四库简明目录标注载"明刊本有二,事目作黑色白字者,原本也;事目作方圈者,翻刻本也。"全书分天文、岁时、律历、地理、帝王……等数百类,编者因近居天中山,因此题为天中记。四库总目提要云:"此书援引繁富,而皆能一一著所由来,体裁较善,惟所标书名或在条首,或在条末,为例殊不划一。然有明一代,称博洽者推杨慎,后起而为之争者,则惟耀文,所学虽驳杂不纯,而见闻终富,故所采自九流苾纬,以逮僻典遗文,搜罗颇广,实可为多识之资,尤能于隶事之中,兼资考据,为诸家之所未及。"可见这书搜罗亦颇为详备。

(一二)唐类函——二百卷,明俞安期纂,明刻本。考我国类书自"皇览"以下,旧本大多已散佚,仅"北堂书钞"、"艺文类聚"、"初学记"、"六帖"等算最古。安期即采上列四书的菁华,削去重复,外再参考韩鄂的"岁华纪丽"和杜佑的"通典"两书,成功这部"唐类函"。全书分天部、岁时部、地部、帝皇部、后妃部、储宫部……等四十三门类。四库总目提要说:"六朝以前之典籍,颇存梗概。"备此一部,也就等于兼有北堂书钞等书一样了。

(一三)古今图书集成——一万卷,总目四十卷,清圣祖敕撰,蒋廷锡等奉世宗敕重编,民二十三年中华书局据清初殿版影印本,八百册,版式 17×28cm,定价八百元。这是我国类书中搜罗最

119

博,内容最富的一部,全书分六汇编,三十二典,六千一百九十部,现在把它的简目胪列于左:

历象汇编——包括乾象典、岁功典、历法典、庶征典。

方舆汇编——包括乾舆典、职官典、山川典、边裔典。

明伦汇编——包括皇极典、宫闱典、官常典、家范典、交谊典、氏族典、人事典、闺媛典。

博物汇编——包括艺术典、神异典、禽虫典、草木典。

理学汇编——包括经籍典、学行典、文学典、字学典。

经济汇编——包括选举典、铨衡典、食货典、礼仪典、乐律典、戎政典、祥刑典、考工典。

这书的通行本为光绪十年上海图书集成局铅印本,计一千六百二十八册,但错字很多,不及中华书局据清初殿版影印本的完善。

第二类:检查事物起源的类书

(一)事物纪原——十卷,宋高承撰。这是考查事物原始沿革的类书,所纪事物凡一千七百六十五事,分为五十五部排列。刊本有明正统间南昌阎敬刊本,明刊胡文焕编格致丛书本,有清李锡龄辑光绪二十二年长沙李氏重刊惜阴轩丛书本。又有宋闽中刊本二十卷。(题事物纪原集类)及明正统中赵弼增删本二十卷。

(二)格致镜源——一百卷,清陈元龙撰。四库总目提要记云:"自昔类书,大抵缕陈旧迹,史传相参,或胪列典章,与会要相佐。此所采辑,分三十类,皆博物之学,故曰格致。又每物必溯其本始,略如事物纪原,故曰镜原也。其采撷极博,而编次具有条理,又以明人类书,多不载原书之名,攘古自益,因各考订所出,必系以原书之名。虽所据间或出近代之本,不能尽泝其源,而体例秩然,首尾贯串,无诸家丛冗猥杂之病。"

此书是元龙归养时所作(约在康熙四十六七年间),雍正十三年刊行,全书类目如下:

120

乾象	布帛
坤舆	舟车
身体	朝制
冠服	珍宝
宫室	文具
饮食	武备
礼器	蔬
乐器	木
耕织器物	草
日用器物	花
居处器物	果
香奁器物	鸟
燕赏器物	兽
玩戏器物	水族
谷	昆虫

第三类:检查文章词藻的类书

(一)渊鉴类函——四百五十卷,总目四卷,康熙四十九年张英等奉敕撰。是有清一部重要类书,这书广"唐类函"的条例,采取"艺文类聚"、"初学记","太平御览"……等十余种类书为蓝本,并博采元明以前的文章事迹,胪列纲目,汇为一编,编次方法与"唐类函"、"初学记"、"艺文类聚"等书相同,详博且有过之。

全书分作四十五类,每一类中先记释名、总类、沿革或缘起,次记典故,再有对偶,再次为摘句,诗文居末,详注其出处。此书宜词章与考据家之用,刊本有内府刊本,古香斋巾箱本,光绪九年上海点石斋石印本(三十册),上海同文书局石印本(四十八册)。

(二)骈字类编——二百四十卷,康熙五十八年清圣祖敕撰,清内府刊本,又有光绪十三年同文书局石印本,四十八册。此编先后经六载方成(成于雍正四年),四库总目提要载此编"与佩文韵府一齐尾字,一齐首字,互为经纬,相辅而行。所隶标首之字,凡一千六百有四,每条所引,以经史子集为次,与佩文韵府同。而引书必著其篇名,引诗文必著其原题,或一题而数首者,必注其为第几首,体例更为精密。学者据是两编以考索旧文,随举一字,应手可检。"全书分十二类,即:天地门,时令门,山水门,居处门,珍宝门,数目门,方偶门,采色门,器物门,草木门,鸟兽门,虫鱼门,又补遗一门为人事门。

(三)分类字锦——六十四卷,康熙六十年何焯等奉敕撰,清内府刊本(康熙六十一年刊)。此书荟萃经史子集及说部诸书,采掇其词句雅丽的成语,裁为骈偶,分类编辑,每类以两字、三字、四字为次,各详引原书,注于条下,以供词章典故之用。四库总目提要云:"是编所录,皆石渠天禄之珍藏,既多未睹之秘,又仰遵训示,体例详明,剪裁皆得其精华,配隶务权其铢两,遇丽句可供文藻;而单词不可骈连者,宁各依字数,附缀于末,谓之备用,而不强为之凑泊。是以抽黄对白,巧若天成;合璧分璋,词如己出。昔宋人四六,喜缀成句,一篇之内,不过数联而已,宋人诗话,又喜称巧对,如带眼琴心,杀青生白之类,一集之内,亦不过数联而已,至于累牍连篇,集为巨帙,无一字一句之不工,则自古以来,未有逾于此编者矣!"

(四)子史精华———百六十卷,康熙六十年吴襄等奉敕撰,清内府刊本(雍正五年刊成),光绪十二年上海同文书局有石印本,八册。本书将子史两类图书的名言隽句,采掇成书。每句下面,详注出处。全书分天、地、帝王……等三十类,有子目二百七十九条。四库总目提要记云:"四库之中,惟子史最为浩博,亦最为芜杂,盖纪传编年以外,凡稗官野记,皆得自托于史;儒家以外,凡异学方技,皆得自命为子,学者虽病其冗滥,而资考证广学问者,又错出其中,不能竟废,卷帙所以日繁也。"又说是编"条理秩然,繁简得中,剪裁有决,守兹一体,可以富拟百城,于子史两家,诚所谓披沙而简金,集腋而为裘矣。"本书尚有雍正刻本,四十八册。

(五)佩文韵府——康熙四十三年张玉书等奉敕撰。此书各字各词,依韵脚排列,每字先注音,后释义,次列成语、复词,复次为对语摘句。四库总目提要谓:"每字先标音训,所隶之事,凡阴氏凌氏书所已采者,谓之韵藻列于前;两家所未采者,别标增字列于后,皆以两字、三字、四字相从,而又各以经史子集为次,其一语而诸书互见者,则引最初书之,而其余以次注于下,又别以事对摘句附其末。自有韵府以来,无更浩博于是者。"此书原本不标卷第,仅依韵厘为一百零六卷,中分二十四子卷,四库重编为四百四十四卷。凡遇典故文章不知其出处的,都可在这部书中求得。同时其中所引的图籍,亡佚的也很多,又足资校订辑佚之用。

此书有内府刊本,有苏州翻刻本,有广东翻刻本(连韵府拾遗在内),有上海点石斋石印本(亦连韵府拾遗在内),有商务印书馆缩印本(也是连韵府拾遗的)。目前当以商务缩印本最合实用,全书分装六巨册,字迹清晰,且有新编四角号码一册,检寻极便,不晓得某字入某韵的人,先查这书的索引即得。

(六)韵府拾遗——这是前书的补遗,康熙五十九年奉敕撰,分类方法与前书同。"未收之字从他韵增入者,则兼注音义,如二冬膧之字,注广韵丑凶切,集韵痴凶切,并音踵,与佣同,集韵均也、直也;又注照广韵增入是也。其文句典故,为前编所未载者,谓之补藻,东字下引禹贡北东诸条是也。前编已载而所注未备者,谓之补注,东字下引周易折中集说居东诸条是也。"此书旧本不标卷第,四库以一韵为一卷,分为一百十二卷。本书除有内府刊本外,又有广东翻刻本,上海点石斋石印本,商务印本。今以商务本为最合用。

(七)事类赋统编——九十三卷,清黄葆真增辑,道光廿九年聚盛堂有刊本,四十八册。此编综合宋吴淑"事类赋"、清华希闳"广事类赋"、王凤喈"续广事类赋"、吴世旆"广广事类赋"而成

123

的;并就渊鉴类函及分类字锦诸书,以及前人诗赋中,摘出工丽词句作为对句,附在各类的后面。全书分天文、岁时、地舆……等三十五部,每部再分子目,是研究诗赋的重要工具书。

以上所说,都是关于类书方面的,今再举出百科全书的鉴别法于下:

(A)内容的观察:正确否? 详尽否? 材料是否最新的? 撰稿人在书中有署名没有? 执笔者对于某一学科确有专长吗? 文字通畅吗? 是学术文抑通俗文? 编辑的方法如何? 材料的支配有无侧重之处? 编辑人与出版人的声望如何? 书中序例所说的优点是否与内容相符?

(B)体例的观察:采用那一种排列法? 书中互相参证处有注出吗? 书末有索引吗? 有参考书目吗? 有地图、表格及其他附录吗? 有正误表吗? 每年有续出增刊吗?

(C)本身的观察:纸张厚韧否? 活字大小配搭适当吗? 装订坚固否? 印刷清楚否?

现在再把中外几部重要的百科全书分举于左:

(一)大英百科全书(Encyclopaedia Britannica)——第十四版于一九二九年由伦敦 Cambridge, Univ. Press 出版,共二十四卷,为今日百科全书中最有历史的一部书。此书初版于一七六八年,其间经过许多次增订再版,先后已经过一百五十余年,全书包括科学、文学及其他各种学术。每册前有撰述者姓名表,论文后有撰述者的签名,每篇末尾更有精选书目;其他如插图、地图等,都非常精细而准确。全书是依照字母的次序排列的,最后一册是地图与索引。尤其是索引的编制极为完备,无论如何繁细的题目都能检得到。

(二)最新国际百科全书(New Interntional Encyclopaedia),纽约 Dodd 出版。此书内容较大英百科全书更为精密,各篇论文不仅由专家执笔,且复经另一人校正,以免立论偏执。每卷之前,将各人对于所负责的论文列成一表。

本书对于传记的记述，较其他百科全书为完善，遇特别名词，并加以读音法。全书按照字母顺序排列，书中有许多插图，包括地图与著名印刷物的复制。

（三）美国百科全书（Encyclopedia Americana）——纽约 Encyclopdia Americana corp. 出版。这书的内容与最新国际百科全书相仿佛，对于科学、商业、工艺、物产、政治及其他现代生活各种现象问题的叙述，颇为详尽。此书与最新国际百科全书有互相补充的好处，譬如某种题目在最新国际百科全书中已有论及的，本书即略而不详。书中重要论文皆有作者署名，许多论文之后另附有书目，凡专门名辞均另加以诠释。全书排列以单字为序，其中所选的标题与普通百科全书不同，关于某一国标题下的各方面材料，都汇集在某国国名标题之下，所以检查时需要索引的帮助。

（四）重编日用百科全书——黄绍绪与江铁主编，民廿三年五月商务印书馆初版，六月五版，共三册，定价九元。本书共分三十编，内容包括科学、哲学、技术、艺术、历史、地理、农、工、商、教育以及国家、社会、家庭各方面的知识，惟因篇幅不多，内容取材仅侧重于方法的介绍。此编所收材料至民廿三年五月底止，其排列次序依照王云五氏的中外图书统一分类法为准，书前有总目，书末有四角号码索引。

我国所出版的百科全书，数量既少；内容又很薄弱，上举一种，时间上已很久远，材料亦平淡浅近，只能作为普通参考之用。

第十章　年鉴

年鉴的功用——年鉴的性质——中外出版年鉴举要

年鉴是分类记载一年以内所发生的普通或特殊的事项按年增删出版的工具书。年鉴两个字，英语称 Year book，法语是 Annuaire，德语为言 Jaharbuch，意思都是说汇录一年间的统计，纪载一年中大事的连续出版物。

前章里面已经说到，百科全书是一部搜集得非常完备的工具书，材料丰富，记载正确，检查便利。然而百科全书还有一个美中不足的地方，就是它所收的内容，仅限于该书出版以前的材料；在它出版以后的各种重要事物，就无法网罗进去了。年鉴因为是每年发行一次的，许多新鲜的材料都可以及时采收进去，正可以补助百科全书的不足，例如美国的最新国际年鉴，就是最新国际百科全书的补编。

关于年鉴的编行，西洋国家历史较久，如英国的 Annual Register，在一七五八年的时候就创刊了，内容包罗很广，十几年前，H. G. T. Cannons氏曾经编过一部"一千七百种年鉴分类指南"，足见西洋出版年鉴数量的惊人。我国在民二年时，有神州编译社的"世界年鉴"出版，不过其中材料大半是编译而成的，仅有十分之二、三的材料是直接调查得来的。民国十三年，我国有阮湘编的第一回中国年鉴出版，内容比较丰富些。民二十年，有张世安编的"世界年鉴"与时事月报社编的"时事年刊"出版，在当时亦算是很难得的参考材料了。直至民国廿二年,上海申报馆才有较为可观的"申报年鉴"出版,每年继续发行,称誉国内。民廿五年,又有英文中国年鉴的创刊(英文中国年鉴社编),各种统计资料的收辑,多由专家分任。抗战以前,政府方面所出版的年鉴,有"第一次教育年鉴"(教育部编)、"中国经济年鉴"正续编及"劳动年鉴"(实业部编)、"财政年鉴"(财政部编)、"铁道年鉴"(铁道部编)……等。可是它们有一个共通的弊病,就是没有逐年增订出版,徒有年鉴的名目罢了。

年鉴的性质,有记载一般消息的,如美国的世界年鉴;也有看重于政治经济方面的,如美国的"政治家年鉴";有专载各种统计的,如"中华民国统计提要";有专载教育界或学术界各种消息的,如"中国教育年鉴"、"中国文艺年鉴";也有专记一国家内的事情的,如"中国年鉴"。现在把中外所出版的重要年鉴举述于下:

(一)国际最新年鉴(New International Year Book)——纽约Dodd 出版, 自一九○七年起出版,这是最新百科全书的补编,是记载一年来的各种重要消息为主的,书中附有插图。

(二)美国年刊(Americana Annual)——纽约 Encyclopedia Americana Corp. 出版,自一九二三年起出版,每年继续发行。这是美国百科全书的补本,书内亦附有许多插图。

(三)世界年鉴(World Almanac and Book of Facts)——纽约The World 出版,自一八六八年起出版,是一部普通最有用的工具书,内容包罗政治、科学、社会、经济等种种问题,都是从可靠的机关搜集得来的;并有各国的统计与概况。书首有索引。

(四)政治家年鉴(The Statesmen Year Book)——伦敦 Macmillan 出版,自一八六四年起创刊,每年陆续发行。本书偏重于各国政治经济方面的记载,内容分英、美国与其他各国。

(五)美国年鉴(American Year Book)———一九一一年创刊。一九一一年至二○年由纽约 Appleton 出版,一九二六年至二七年由 Macmillan 出版;一九二八年以后由 Doran 出版。此书包括一年来美国科学、美术、文学以及其他各种进展的状况,大多数材料是由专家执笔的,书末有索引与精选书目。

(六)英文日本年鉴(Japan Year Book)——东京 The Roreign Affairs Association of Japan 出版。

(七)日本国际年鉴——日本国际问题调查会编,东京河山书店出版,日文。

(八)每日年鉴——大阪每日新闻社与东京日日新闻社联合出版,日文。

(九)中华年鉴(The China Year Book)——Woodhead H. G. W. 编,起初由 Tientsin, Tientsin Press 发行;后改由 17 The Bund, The North – China Daily News and Herald Ld. 发行,创刊于一九一二年;至一九三五年已出版到第十七回。这书所收我国人民、政府、经济状况、宗教、教育、物产等,记述颇详,书中附有中国人名录。

(一〇)英文中国年鉴(The Chinese Year Book)——英文中国年鉴社编,商务印书馆出版,民廿五年十二月创刊,每年出版一册。民三〇年已出版至第五回,该期内容分三部分:(1)General Information,(2)The Japanese War,(3)Wartime Government。

(一一)世界年鉴(一九三一)——张安世编,民二十年九月大东书局发行,三册,定价七元。此书共分两部,上部为中国之部,纪载国民政府成立后的一切政治法制、经济状况;下部为世界之部,记述一年内国际重要事件,我国与国际的关系,各地华侨情形等。

(一二)世界各国国势年鉴——王蠡舟等编辑,北平外交月报社发行,民廿三年十月出版。

(一三)世界知识年鉴(一九三六)——世界知识社编,民廿五年三月生活书店出版。全书分(1)便览,(2)各国状况,(3)国际组织状况,(4)大战后的重要条约,(5)世界经济统计,(6)战争与军备,(7)文化活动,(8)当代人物小辞典,(9)常识小词典,(10)二十世纪大事年表,(11)一九三五年世界大事日表,(12)国际政治经济一览(民廿三年至廿四年)。本书系李圣五与史国纲二人所编,民二十三年十月商务印书馆初版发行。

(一四)时事年刊(民十九年至二十年)——时事月报社编,民二十年十一月大东书局初版,定价七元。这书纪载民十九年一月起至二十年四月底止的国内外大事,全书计分三编,上编为中国之部,纪一年来的党务、军事、政府、财政、交通、实业、国民经济、教育与学术;中编为外国之部;下编为一年间大事日志,共有论文八十一篇。

(一五)申报年鉴——上海申报年鉴社编,民二十二年创刊。这是普通性的年鉴,纪述每年国内重要事件。抗战以前,每年继续出版,为国内最著名的年鉴。

(一六)中国年鉴(第一回)——阮湘等编,民国十三年二月商务印书馆出版,民国十五年六月发行第三版,二一二三面,定价四元。此编注重于数字的统计,对于各种典制沿革,亦有简要的说明,书末有二十年来中国大事记,最近二百八十年中东西三历合表,五千年间星期检查表。

(一七)中华民国统计提要(二十四年辑)——国民政府主计处统计局编,民二十五年商务印书馆出版,一一○○面,定价十八元。此编是国民政府统计处呈送国府的全国统计总报告的材料,共分疆界与地势、地质、气象……等三十六类,三百三十表。我国可能公开的统计材料,都已经包括在内了。

(一八)清季外交年鉴——五卷,内约章分类表一卷,王亮编,民二十四年北平外交史料编纂处出版,四册,定价三元。这书收光绪元年一月至宣统三年十二月的外交事件,依年月的先后,分别纪述。其取材出自光绪宣统"两朝外来史料"与"西巡大事记"诸书。

(一九)中国外交年鉴——章进等编,第一册于民二十三年三月由生活书店出版;第二册于民二十四年三月由世界书局出版;第三册于民二十五年三月由正中书局出版。本书材料大多来自官方,第一册分下列五章:国民政府与外交、外交及领事机关、中国外交史略,一年来之外交、一年来之外务行政。第二册分上下两编,体例与前同,内容稍有增加与修正而已。第三册分三编,上编述国民政府外交之基础、外交机关之组织与沿革及我国外交史略;中编述一年来外交经过及外务行政;下编附载各项涉外法规、重要外交官人名录、一年来外交大事记、一年来中日英美各国重要刊物关于中国外交论文分类索引。

（二〇）中国经济年鉴——实业部中国经济年鉴编纂委员会编,商务印书馆发行,初编民国二十三年五月出版,二册,定价十五元;续编民二十四年九月出版,三册,定价十四元。本书内容以经济统计资料为主,首重图表,次述事实。初编计十七章,编末有经济行政人名录。续编分二十章,内容较正编尤为丰富。

（二一）全国银行年鉴——中国银行总管理处经济研究室编。民二十二年六月创刊,民二十五年九月出版第三回。

（二二）财政年鉴——财政部财政年鉴编纂处编,民二十四年九月商务印书馆发行,二册,定价十元。此编取材以民二十二年为限,二十二年以前的材料略有追述。其中大部分以财政部档案文书为主,着重于数字图表和事实的记载,是研究我国财政状况的主要工具书。

（二三）中国教育年鉴(第一次)——教育部编,民二十三年五月开明书店发行,全书分五编:(1)教育总述,(2)教育法规,(3)教育概况,(4)教育统计,(5)教育杂录。所录的教育大事记自清同治兴学起至民二十二年十月以前止,先后计七十余年,尤为重要的教育参考材料。

（二四）内政年鉴——内政部年鉴编纂委员会编,民二十五年商务印书馆出版,全书四册。

（二五）交通年鉴——交通部编行，民二十四年出版，此编收辑民二十二年交通部主管的各事项。

（二六）铁道年鉴——铁道部编，第一次在民二十二年五月出版，第二次在民二十四年十二月出版。本年鉴记载我国铁道状况，例如第一次年鉴中记载的国有铁路经济状况，京沪沪杭局铁道一二八事变后的损失与规复……等，都是重要的参考材料。第二次年鉴中附有铁路大事简明年表，自同治三年起至民二十二年为止。

（二七）平汉铁路年鉴——平汉铁路管理委员会编，民二十一年十一月出版，内容专记平汉路状况。

（二八）航业年鉴（民二十四年）——上海市轮船业同业公会编，民二十五年该会发行。

（二九）陇海铁路年鉴（第一卷）——陇海铁路管理局编，民二十二年出版。此编纪民二十一年陇海铁路的概况，至于该铁路历年的沿革亦有追述。

（三〇）中国国货年鉴——国货事业出版社编，民廿四年三月出版。全书分六项，述我国国货运动史，国货产业概况，国货统计资料等。

（三一）海关中外贸易年刊——海关总务司署统计科编，中华海关总务司署发行，同治三年（一八六四）创刊，每年出版一册。内容有海关中外贸易报告，进出口贸易统计辑要，进出口货物类编，国内贸易土货转口统计等，是我国对外贸易统计的重要材料。

（三二）中国电影年鉴——中国教育电影协会编，民廿三年十二月正中书局出版。此书内容分专论、史实、通论、各国电影检查、中国电影行政、电影商业概况、电影从业员、中国教育电影协会史。

（三三）中国保险年鉴（一九三五——三六）——中国保险年鉴社编，民廿五年该社发行。

（三四）中国文艺年鉴——中国文艺年鉴社编，七四四面，定价一元六角，民廿二年八月现代书局发行。本书纪载民廿一年中国文坛鸟瞰,创作选,作家及出版索引。

(三五)中国文艺年鉴——杨晋豪编,八二〇面,定价一元五角,民廿三年六月北新书局出版。本编内容分(1)廿三年度中国文坛巡阅,(2)廿三年度中国创作选,(3)廿三年度内地文坛报告,(4)廿三年度出版文艺书目。

(三六)江苏省年鉴——赵如珩编,民廿四年七月,新中国建设学会出版,二册,平装价四元。此书内容包括江苏沿革、地理、人口、党务、政治、财政、建设、实业、教育、社会、艺文与人物。记载着重于现状,并兼记过去情况。

(三七)广西年鉴——广西统计局编,第一回民廿三年五月初版,八四五面,定价五元。内容分载该省土地、气象、人口、农业、矿业、工业、商业、金融、交通、财政、教育、司法、社会问题、政务、外交、地方、志书概况等,各类注重于统计数字。第二回在民廿四年出版,体例与前编相仿佛。

(三八)福建省统计年鉴——福建省政府秘书处统书室编,民廿六年七月出版。

(三九)湖南年鉴——湖南省政府秘书处编,民廿四年该处发行。

(四〇)江西年鉴——江西省政府统计室编,民廿五年该处出版。

(四一)山西省统计年鉴(民廿二年份)——山西省政府秘书处编,民廿五年该处发行,二册。

(四二)上海市年鉴(民廿四年)——上海市年鉴委员会编,民廿四年四月上海通志馆出版。全书两册,分大事概要、土地人口、天时气象、党务、行政……等二十四门,材料多由直接或间接调查得来的,内容以统计表格为主要,颇为详确。

(四三)天津市统计年鉴(民十七年至廿一年)——天津市政府编,民廿四年该处出版。

附　录　本书重要参考书目

图书馆学论丛　吕绍虞著　浙江省立英士大学图书馆
图书馆学要旨　刘国钧编　中华书局
图书馆　杜定友著　商务印书馆
图书馆学 ABC　沈学植著　世界书局
图书室管理法　蒋复璁著　正中书局
图书馆与成人教育　杜定友编译　中华书局
目录学　姚名达著　商务印书馆
书志学　马导源著　商务印书馆
目录学概论　刘纪泽著　中华书局
书目答问　张之洞著　商务印书馆万有文库本
四库全书总目提要　永瑢等撰　商务印书馆万有文库本
四库简明目录标注二〇卷　邵懿辰撰　宣统三年家刻本
中国图书分类之沿革　蒋元卿编　中华书局
索引与索引法　钱亚新著　商务印书馆
期刊论文索引编制条例　王柏年著　无锡王氏勤圃
中文参考书举要　邓衍林编　国立北平图书馆
中文参考书指南　何多源编　商务印书馆
国内出版重要索引一览　许振东编　图书展望月刊第一期
中文字典辞书解题　林斯德著　图书展望月刊第三期至十二
期

教育参考书提要　许振东著　图书展望月刊第八期

日报教育论文索引　洪焕椿编　浙江图书馆通讯创刊号

图书目录略说　刘国钧著　图书馆学季刊第二卷第二期

字典略论　万国鼎著　图书馆学季刊第一卷第一期

古今图书集成考略　万国鼎著　图书馆学季刊第二卷第二期

中外图书统一分类法　王云五编　商务印书馆

中国图书分类法　刘国钧著　金陵大学图书馆

杜氏图书分类法　杜定友著　中国图书服务社

中国图书十进分类法　袁涌进与何日章著　北师大图书馆

中国十进分类法　皮高品著　文华公书林

杜威及其十进分类法　朱家治著　图书馆学季刊第一卷第二期

克特氏及其展开分类法　洪有丰著　图书馆学季刊第一卷第三期

美国国会图书馆及其分类法　严文郁著　图书馆学季刊第三卷第四期

浙江省立图书馆中日文书目第一辑　浙江省立图书馆编

全国总书目(一九一一——一九三五)　平心编　生活书店

全国出版物总目录(一九三五)　开明书店

James Duff Brown：Manual of Library Economy。

Hutchins；Johnson and Williams：Guide to the Use of Libraries。

Lucy E. Fay and Anne T. Eaton：Instruction in the use of Books and Libraries。

Mudge：Guide to Reference Books。

W. C. Borwick Sayers：An Introduction to Library Classification。